Hamburger Abendblatt

100 Jahre Hamburger Rathaus

Innen Ansichten

Aufgeschrieben
von Susanne von Bargen
und fotografiert
von Michael Zapf

Mit einer Rathaus-Chronik
von Hinnerk Fock

Hamburger Abendblatt

Inhalt

Zum Geleit

Hamburg war nie die Residenz eines Herzogs oder gar eines Königs. Deswegen gibt es in unserer Stadt keine Paläste. Insofern kann die Bürgerstadt nicht mit Berlin oder Dresden oder München konkurrieren. Aber natürlich wollten auch die Hamburger ihren Stolz in repräsentativen Bauten dargestellt sehen. So kam es zu den fünf schönen großen Hauptkirchen und auch zu dem prächtigen Rathaus. Das Rathaus ist tatsächlich reichlich prunkvoll. Man sieht es dem Prunk an, daß er nicht aus alten Zeiten stammt, wie die schönen Rathäuser in Lübeck, Rostock oder Bremen. Sondern unser Rathaus, das ehrwürdig erscheinen möchte, ist in Wahrheit nur ein Jahrhundert alt. Seine Imitation der längst vergangenen Renaissance hält den Vergleich mit dem ihm an der Rückseite durch zwei schmale Flügelbauten verbundenen, schlichteren Gebäude der Börse nur leidlich aus. Und natürlich sind Fritz Högers Chilehaus und all die vielen Bauten Fritz Schumachers origineller als unser um drei Jahrzehnte älteres Rathaus.

Gleichwohl: Wenn wir Bürger aus irgendeinem festlichen Anlaß einmal ins Rathaus eingeladen werden, so folgen wir der Einladung mit ziemlichem Stolz. Und wir dürfen auch stolz sein; denn längst haben das Dach und Haus Patina angesetzt. Und wenn wir aus den Fenstern schauen, so blicken wir auf den Rathausmarkt und die Kleine Alster an der Schmalseite, mit den Alsterarkaden im Hintergrund und dem schlichten Ehrenmal davor. Es erinnert ohne Pathos an den Ersten Weltkrieg.

Verdun, aber auch Stalingrad und die Verbrechen in Auschwitz liegen nun schon lange zurück. Die allermeisten Hamburger, die heute vor dem Rathaus stehen, haben an ihnen keinen Anteil gehabt. Sie sehen ihr inzwischen schon längst etwas unpraktisch gewordenes Rathaus als ein Symbol einer ganz selbstverständlich gewordenen Demokratie an. Jede Demokratie braucht Symbole der Macht ihrer Bürger. Unser Rathaus soll niemanden einschüchtern, sondern sein großes Tor steht jeden Tag für jedermann offen.

Helmut Schmidt
(Bundeskanzler a. D.)

Gipsmodelle für die Rathausfassade, ausrangiert und vergessen

Zwischen genialer Technik und verstaubten Gipsköpfen

DER RATHAUSKELLER

Stumm und dicht an dicht, von Staub und Spinngeweben überzogen, stehen sie da beieinander, eine Stimmung, die diesem Raum den Beinamen „Schreckenskammer" gegeben hat.

Das Hamburger Rathaus hat keine Mannequinmaße. Es ist breit wie hoch – und das stattliche 112 Meter. Ein Fixpunkt der Solidität, die die Kaufmannsstadt prägt. Doch die Trutzburg im Zentrum der City steht auf sensiblen Füßen. Das Fundament der Regierungszentrale ruht auf 4000 Eichenpfählen, die immer vom Grundwasser umspült werden müssen.

Stehen die Pfähle erst mal im Trockenen, können sie faulig werden – und schon wäre die Standfestigkeit des denkmalgeschützten Gebäudes in Gefahr. Kontrolle also tut ständig not. Doch die Pfähle sind nicht zu sehen. Auf ihnen liegt eine 1,65 Meter dicke Betonplatte, der Kellerboden des Rathauses. Undurchdringlich grau, für das menschliche Auge jedenfalls.

Aber eine kleine blaue Pumpe, die mit einer Wasserstandssäule verbunden ist, hat alles im Griff. Sinkt der Pegel in der Meßsäule ab, springt die Pumpe an und setzt die Pfähle einfach wieder ausreichend unter Wasser.

Die Maschine, die Wohl und Wehe des Gebäudes bestimmt, steht ganz unauffällig in einem Seitengang des Rathauskellers. Man kann sie leicht übersehen, aber überhören kann man sie nicht – jedenfalls nicht, wenn sie einmal ausfallen sollte. Dann schlägt das blaue Herz des Rathauses lautstark Alarm.

Die Retter sind meist in der Nähe. Denn das Gewölbe, das sich wie ein Labyrinth unter dem Bauwerk ausbreitet, ist vor allem ein Refugium für Techniker. Unterhalb des Seitenflügels am Alten Wall, hinein in den Ehrenhof bis unter den Hygieia-Brunnen nämlich erstreckt sich die Heizzentrale. Ein technisches Wunderwerk aus dem vorigen Jahrhundert, ein Unikat, das zur Bauzeit des Rathauses führend war in der technischen Entwicklung.

In die „Schreckenskammer" unter dem Rathaus verirrt sich selten ein Besucher. Nur der Tischler auf der Suche nach Ausbesserungsmaterial schaut öfter mal herein.

Das Sammelsurium von Ventilatoren und riesigen Luftfiltern, von spiralförmigen Röhren und Absperrventilen unter schönen, alten Emailleschildern ist ein ausgeklügeltes System aus Dampf und Frischluft, mit dem alle Räume beheizt oder gekühlt werden.

Weil das 1897 bezogene Rathaus nicht durch einen Schornstein verschandelt werden sollte, wurde der Dampf zunächst aus den Kesseln der „Allgemeinen Electricitätsgesellschaft" bezogen, die vor 100 Jahren ein Werk in der Poststraße betrieb. Heute beliefert das Kraftwerk Hafen die Regierungszentrale, aber der Punkt für die Einspeisung ist geblieben: im Keller Ecke Alter Wall und Rathausmarkt, genau unter dem Büro des Bürgermeisters.

Doch dieser Dampf, dessen Druck zunächst gesenkt und der dann in die Heizkörper der Arbeitsräume geschickt wird, ist nur ein Teil der Rathausheizung. Viel eindrucksvoller ist der andere Teil, der mit erwärmter Frischluft durch gut getarnte Auslässe die Festsäle und die Sitzungsräume versorgt. Eine praktische Einrichtung mit dekorativem

Mit einer Umdrehung des Rädchens wird die warme Luft durch die weit verzweigten Rohrleitungen auf die Festsaalebene und in das Kellerrestaurant transportiert.

Rechte Seite: Die 100 Jahre alte Heizungsanlage hat einen musealen Charakter. Sie wird Rad für Rad von Hand gesteuert. Die Emailleschilder geben an, wohin die Wärme fließt.

Effekt: So konnten die kunstvoll ausgestalteten Rathaussäle von schmucklosen Heizkörpern verschont bleiben.

Wer sich diesem Teil der Heizung nähert, muß schon standfest sein. Da bläst nämlich ein kräftiger Wind durch den Keller. Zwei riesige Ventilatoren, vor 100 Jahren aus England importiert, saugen die Luft von draußen an. 80 000 Kubikmeter pro Stunde strömen durch den Brunnen im Ehrenhof direkt unter das Rathaus, fließen durch starke Filter und Wärmetauscher, verbreiten sich über ein verzweigtes Rohrnetz in alle Etagen und strömen durch Öffnungsschlitze in den Saalwänden aus.

Der Rathausbrunnen als Frischluftlieferant tut auch deshalb gute Dienste, weil er die Luft mit Feuchtigkeit versorgt. Das ist vor allem in den Sommermonaten, wenn die Wärmetauscher ausgeschaltet bleiben und die Frischluft für kühle Köpfe in Arbeitsräumen und Festsälen sorgt, eine angenehme Beigabe.

Heizkammer V
Phönixsaat

Das Herz der Regierungs-zentrale ist unscheinbar, aber wirkungsvoll. Meßsäule und Pumpe sorgen dafür, daß die Eichenpfähle unter dem Rathausfundament immer ausreichend vom Wasser umspült werden.

Was aber hineinströmt in die Räume, muß natürlich auch wieder hinaus. Dafür sorgt im Rathaus ein anderes weitverzweigtes Rohrnetz, das in der Spitze des Turmes in vier mächtigen Stahlkanälen endet, die zugleich die Turmkonstruktion tragen. Dort oben, eben unter der Turmlaterne, kann sich die dicke Luft aus dem Rathaus im Hamburger Himmel verflüchtigen.

Ein eigentlich perfektes System. Mit der Regulierbarkeit der Dampfheizung aber hapert es. Entweder an oder aus – ein Mittelding gibt es nicht. Und so klingelt denn bei den Technikern im Keller oftmals schnell hintereinander das Telefon. Wo die Vorzimmerdamen frieren und um mehr Wärme bitten, haben sich deren Chefs gerade die Köpfe heißgeredet und begehren nun Kühlung.

Weil man es mit der historischen Heizanlage nicht allen recht machen kann und das Rohrnetz ohnehin anfällig ist, wird dieses technische Wunderwerk das zweite Jahrhundert des Rathauses wohl nicht mehr erleben. Und das nicht einmal als Museumsstück. Denn so groß die Kellergewölbe auch sind, jeder Platz ist schon irgendwie ausgenutzt. Und sei es nur durch die Fundamente des Turmes, die wie Pyramiden den langen Kellergang unter der Fassade am Rathausmarkt genau in der Mitte einengen. Der schräge Bau der Turmfüße, der im Kellerlabyrinth etwas Orientierung verschafft, sorgt für besondere Standfestigkeit des Rathausmittelpunktes.

Durch die „Turmenge" hindurch läßt es sich unter dem Rathaus bis zum Ratsweinkeller spazieren. Erst an den Wänden des Grundsteinkellers ist Schluß. Ein aufgeräumter Weg, an dem sich kaum Gerümpel findet, obgleich doch große Keller eigentlich immer zum Aufbewahren einladen. Im Rathaus ist das auch nicht anders, nur findet die Sammelleidenschaft hier hinter dicken Eisentüren statt.

Eine von ihnen ist mit eingezogenem Kopf und mit Hilfe einer kleinen Holzbrücke über dicke Rohrleitungen hinweg zu erreichen. Dahinter lebt eine bunte Gesellschaft aus Handwerkern und Heiligen. Stumm und dicht an dicht, von Staub und Spinngeweben überzogen, stehen sie da beieinander, eine Stimmung, die diesem Raum den Beinamen „Schreckenskammer" gegeben hat.

Dabei sind die Köpfe und Gestalten aus Gips durchaus sehenswert. Immerhin waren sie die Modelle für die Figuren, die jetzt in Kupfer, Bronze und Sandstein Rathausdach und Fassade zieren. Ihre Präsentation vor der Baukommission vor fast hundert Jahren und die Verbannung in den Keller haben nur einige von ihnen unbeschadet überstanden. Abgebrochene Nasenspitzen, angeknackste Kopfbedeckungen und zerbröselte Verzierungen sind der Tribut, den die Zeit von den Modellen gefordert hat.

Doch nicht nur sie werden in diesem Kellerraum gehütet. Alte Türen und schlichte Holzlatten, gläserne Lampenschirme und ausgemusterte

Die Gipsfiguren haben 100 Jahre Verbannung in den Keller nicht unbeschadet überstanden. Mit der Zeit sind manche Gesichtszüge regelrecht zerbröselt.

Geräte – das Sammelsurium ist unüberschaubar. Und dennoch nützlich. Auch im Rathaus nämlich geht immer mal etwas zu Bruch, was sich nach geduldiger Suche in dem dunklen Verlies womöglich schnell ersetzen läßt.

Hinter anderen Kellertüren wird auch emsig gesammelt – aber diesmal mit System. Auf ordentlichen Metallregalen ist Weinflasche neben Weinflasche plaziert, ein Hort der Gaumenfreude für Rathausgäste. Doch die staatseigenen Tropfen sind nicht nur für den Verzehr gedacht. Von jeder Weinbestellung werden drei Flaschen abgezweigt und aufbewahrt. Dies Geschmacksarchiv ergänzt die Rathausgeschichte: auf daß auch die Nachwelt noch weiß, was ihre Ahnen beim Senat gern getrunken haben.

Akten voll von Politik, registriert, sortiert und abgelegt

Wie Gedächtnisse lückenlos werden

DIE ARCHIVE

Mehr als 900mal werden die historischen und aktuellen Quellen monatlich angezapft – und daß hier mal einer unaufgeklärt hinausgeht, ist bei der stattlichen Menge an Informationen kaum denkbar.

Rechte Seite: Die Parlamentskundliche Fachbibliothek ist ein architektonisches Meisterstück mit gläsernem Dachkegel.

Im Hamburger Rathaus werden unzählige Drucksachen verfaßt, Briefe geschrieben und schriftliche Stellungnahmen an andere Ämter und Behörden geschickt. Manches davon hat bleibenden Wert, anderes wiederum könnte getrost in Vergessenheit geraten. Doch wer darauf baut, hat Pech: Das Gedächtnis des Rathauses hat keine Lücken. Die Registratur, in der all die Schriftstücke zu Akten gebündelt und gesammelt werden, ist im Souterrain am Alten Wall und entlang dem Rathausmarkt einquartiert. In Augenhöhe mit den Beinen vorbeieilender Passanten ruhen gut 60 000 Akten.

Bildschirmtechnik gibt es hier noch nicht. Der Schriftwechsel zwischen der Hamburger Senatskanzlei und den anderen Landesregierungen, mit Bundesrat, Bundestag und internationalen Dienststellen ist im Original und auf Papier zwischen schmalen grauen Pappdeckeln gebündelt. Zu jedem Vorgang liegt die entsprechende gesetzliche Grundlage griffbereit, und wer sich über Senats- und Bürgerschaftsdrucksachen nachträglich informieren möchte – kein Problem.

Doch nicht nur das. Im Souterrain des Rathauses, direkt unter dem Büro des Regierungschefs, wird auch dessen Briefwechsel gesammelt

Im 17. Jahrhundert wurden die Senatsprotokolle noch von Hand geschrieben und später als Buch gebunden.

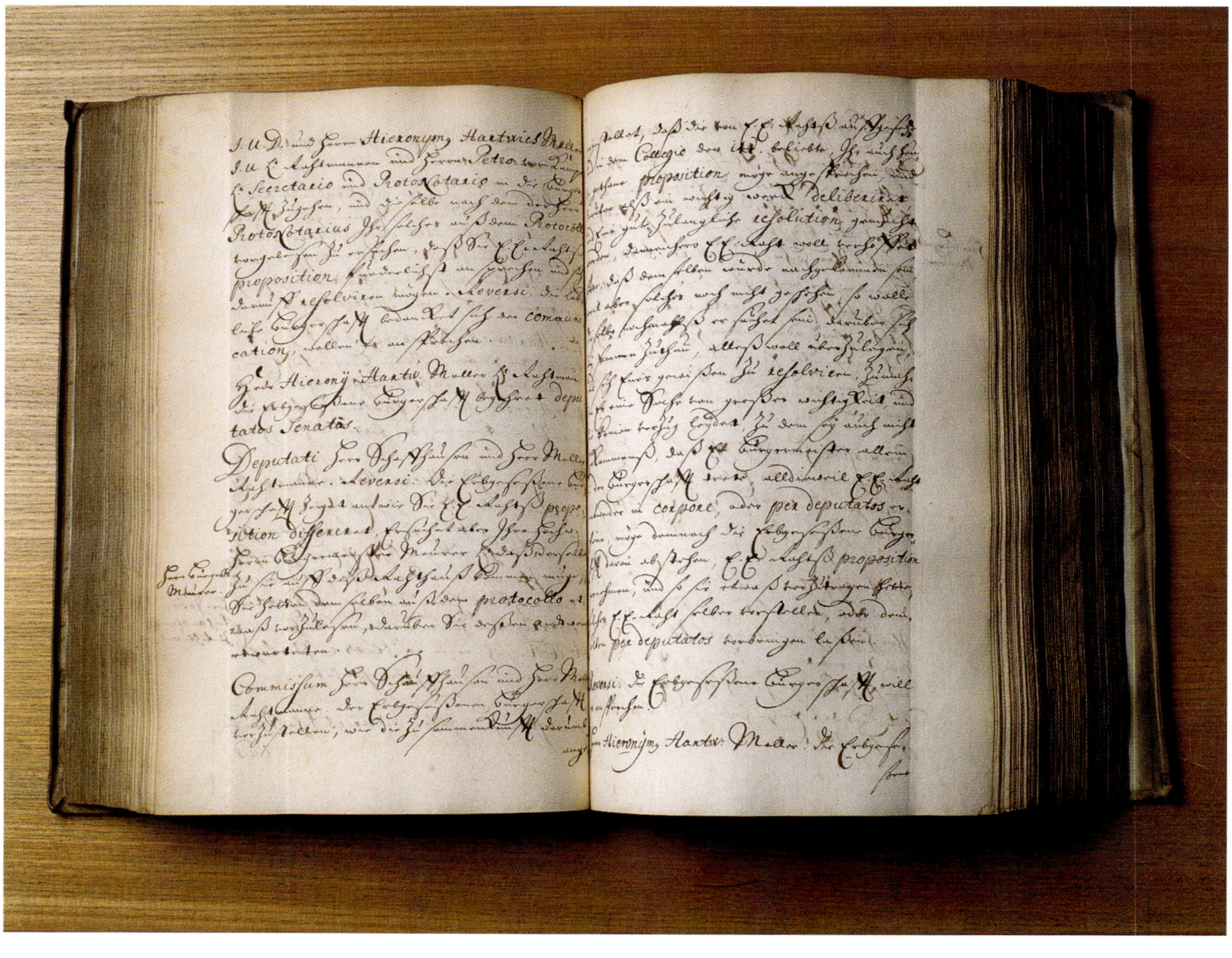

Die Senatsbibliothek im Rathausturm ist klar und hell gestaltet. Der fensterlose Raum über zwei Ebenen verträgt keine historischen Schnörkel.

(es sei denn, er ist wirklich ausgesprochen persönlich). Da häufen sich dann schon mal regelrechte Fortsetzungsromane an, denn manch ein Bittsteller läßt sich mit einer Antwort noch lange nicht zufriedenstellen.

Informationen dürfen sich in diesem Mammut-Archiv nur die Mitarbeiter der Senatskanzlei holen, und das nur unter ganz bestimmten Voraussetzungen. Doch auch sie bekommen nicht immer Antwort. Ein Zimmer mit Akten ist tabu, denn dort werden die Papiere aufbewahrt, die wirklich immer vertraulich bleiben müssen. Der Zugang zu dem hochbrisanten und persönlichen Material ist dreifach gesichert, die Schlüsselgewalt auf einen kleinen Kreis beschränkt.

Um mit dem Platz überhaupt klarzukommen, werden alle zehn Jahre Akten an das Staatsarchiv weitergegeben. Was dort nicht mehr gebraucht wird, wird vernichtet, und das ist etwa die Hälfte dessen, was aus dem Rathaus ankommt.

Das Tempo, mit dem Nachfragen in der Registratur bearbeitet werden, steht und fällt mit den Mitarbeitern. Für jedes Sachgebiet sind Aktengruppen angelegt, deren Inhalte sich hinter Zahlenkombinationen verbergen. Sie weisen, auf eine Sichtkartei übertragen, den schnellsten Weg durch die Aktenberge. Wer nicht weiß, was welche Zahlen bedeuten, ist folglich aufgeschmissen.

Das „Gewußt wo" ist auch an anderer Stelle der Regierungszentrale der Schlüssel zum Erfolg. Denn nicht nur auf dieser Rathausseite wird gesammelt, was schwarz auf weiß zu Papier gebracht wurde – die Bürgerschaftskanzlei tut das auch. Ihre Räume liegen fast unter dem Dach des Seitenflügels an der Johannisstraße und zum Teil auch in der Alten Post.

Archiv, Presse- und Literaturdokumentation und Parlamentskundliche Fachbibliothek sind die Orte, an denen Abgeordnete und ihre Mitarbeiter ihr Gedächtnis schnell auffrischen können. Mehr als 900 mal werden diese Quellen monatlich angezapft – und daß hier mal einer unaufgeklärt hinausgeht, ist bei der stattlichen Menge an Informationen kaum denkbar.

So belegen 1,6 Millionen Zeitungsausschnitte die veröffentlichte Vergangenheit, und eine Sammlung von Bürgerschaftsdrucksachen dokumentiert die Arbeit der Parlamentarier, in einer Sammlung loser Blätter lückenlos seit 1946, fein gebunden sogar bis ins vorige Jahrhundert zurück.

Wer jemals am Fleiß der Abgeordneten gezweifelt haben sollte, wird hier eines Besseren belehrt. Im Bürgerschafts-Archiv werden allein aus der 13. Legislaturperiode von 1987 bis 1991 genau 29204 Seiten verwahrt. Aber auch in der 14. Legislaturperiode, die nur von 1991 bis 1993 währte, kamen immerhin 10050 vollgeschriebene Seiten zusammen.

Die Sichtkartei mit den Nummerncodes auf den schmalen Schubladen ist der Wegweiser durch die 60 000 Akten in der Registratur im Rathauskeller.

316.31
323.00
343.30
351.90
362.90
399.90
408.30
414.45
440.50
460.50
463.50
481.15
500.50
481.20
505.80
501.00
009.00
020.09
020.30
024.50
030.6
033.
058.30
108
116.
122.
140.25
8
8

Während die Drucksachen in schmucklosen Kästen auf einfachen Regalen in schlichten Räumen ruhen, laden Bücher und Zeitschriften geradezu zum Verweilen ein. Die Parlamentsbibliothek ist in einem quadratischen Raum eine Ebene unter dem Dachboden eingerichtet. Eine schön gestaltete Spindeltreppe aus Bronze und Eisen führt auf eine rundumlaufende Galerie – und über allem ist nur der Himmel. Das pyramidenartige Glasdach läßt nicht nur Licht in den Raum fluten, sondern gibt auch eine ungewöhnliche Perspektive frei: den Blick aus dem Rathaus heraus und über Giebel hinweg direkt auf den Turm. Doch nicht nur das hat die Bürgerschaftsbücherei als Besonderheit zu bieten. Denn gleich unter diesem einmaligen Anblick liegt die Geheimzentrale der Parlamentsdokumentation. Ein schmaler Raum, dessen Tür nicht nur sicher verschlossen ist, sondern auch noch Alarm auslöst, wenn sie geöffnet wird. Hier ruhen die vermeintlichen oder tatsächlichen Untaten von Regierungsmitgliedern, sorgfältig geordnet in den Aktenbänden der Untersuchungsausschüsse.
Der Skandal um die Neue Heimat zum Beispiel. Das sind mehr als 300 Ordner, sorgfältig beschriftet, eine streckenweise sicher spannende

Wohin das Auge im Rathaussouterrain auch sieht: Akten über Akten belegen das hamburgische Interesse gegenüber dem Bund und den anderen Ländern.

Lektüre. In deren Genuß allerdings kommt der normale Hamburger nicht: Alles ist natürlich streng geheim.
Die 21 000 Bücher und die Informationen auf 42 000 Mikromaterialien hingegen, die in der Bibliothek stehen, sind für alle Abgeordneten und ihre Mitarbeiter zugänglich. Der Stolz der Bibliothekare ist die perfekte Ausstattung mit den Parlamentshandbüchern aller Bundesländer und die komplette Sammlung der Gesetze von Bund und Ländern, die von zwei Mitarbeitern ständig aktualisiert wird. Eine einmalige Zusammenstellung, glauben die Experten in der Bürgerschaftsbücherei. Doch die Konkurrenz wohnt auch unter dem Rathausdach. Die Senatsbücherei, so sind deren Anhänger sicher, hinkt mit ihrer Ausstattung überhaupt nicht hinterher. Falls es dort mal ein bißchen länger dauert, kann das nur an einem anderen System liegen.
Oder daran, daß der Besucher beim Eintritt erst mal versunken aus dem Fenster guckt. Reesendamm und Jungfernstieg liegen gut drei Etagen tiefer. Die Bücherei selbst aber verbirgt sich, von außen nicht zu sehen, auf zwei Ebenen im Rathausturm und damit direkt an der Nahtstelle zwischen Senat und Bürgerschaft. Die mit dieser räumlichen Anordnung dokumentierte Unabhängigkeit von Exekutive und Legislative wirkt sich aus: Im Gegensatz zur Parlamentsbibliothek ist die des Senats öffentlich.
Ein passender Ort besonders für Juristen und die Liebhaber des alten und neuen Hamburg. In beiden Kategorien ist die Senatsbücherei gut ausgestattet, aber auch Verwaltung und Politik sind hier vertreten. Insgesamt stehen in den Regalen etwa 25 000 Bände, weitere 10 000 sind auf Dauer ausgeliehen, das heißt für Dienststellen des Rathauses gekauft und dorthin auch geliefert, aber in der Bücherei registriert. Für den aktuellen und kurzfristigen Gebrauch aber sollen die Bände nicht ausgeliehen werden. Deshalb ist in der Turmbücherei auch ein kleiner Leseplatz eingerichtet worden. Dort, im Mittelpunkt des Rathauses, kann man gelegentlich auch die Redenschreiber von Regierungschef und Senatoren treffen. Schließlich können auch sie nicht alle entscheidenden Daten im Kopf haben. Hauptsache: gewußt wo.

Historisches Bergedorfer Schloß, auf Wandfliesen gemalt

Bei geheimen Treffen und geselligen Fernseh-runden

DAS SENATSGEHEGE

Die Senatoren und Staatsräte haben vor der Laube ihre Spinde, schmale Eichenschränke, in denen sie ihre Mäntel aufhängen. Um Verwechslungen vorzubeugen, sind alle Schranktüren in Frakturschrift sorgfältig mit den jeweils aktuellen Namen versehen.

Die Ratsstube ist – aus der Sicht des Senats zumindest – das Allerheiligste im Hamburger Rathaus. Dort werden in den Senatssitzungen allwöchentlich die politischen Entscheidungen getroffen. Meistens allerdings ist das nur noch Formsache. Die Weichen sind oft schon vorher gestellt worden – und wenn der Bürgermeister das selbst in die Hand genommen hat, dann auch schon mal Wand an Wand mit dem eigentlichen Regierungszimmer.

Der kleine Raum, in den der Senatspräsident gern zu Gesprächen unter vier Augen bittet, liegt gut verborgen hinter der Ratsstube und hat den dazu passenden Namen: Laube heißt der Raum, der dem Gast des Bürgermeisters allerhöchste Vertraulichkeit signalisiert.

Das kleine Zimmer ist eigentlich nur ein Erker über dem Alten Wall. Doch der Einblick von außen ist verwehrt: Milchglasscheiben haben die historischen, von Glasmalern gestalteten Fenster, die im Krieg zerstört wurden, ersetzt. Die blinde Glasfront aber soll bald wieder in bunten Farben leuchten: Die Fenster werden derzeit nach historischem Vorbild neu gemalt.

Restaurierungen waren aber auch aus anderem Grund nötig. Die Revolutionäre der Jahre 1918 und 1919 hatten ihre Gewehrsalven gnadenlos auch auf die Laube gerichtet und in den großen Fliesenmalereien, die die Innenwand schmücken, so manche Geschoßspur hinterlassen. Doch die Ansichten des alten Rathauses im 18. Jahrhundert, des Waisenhauses, das nach dem Großen Brand von 1842 zunächst als Rathaus diente, und die Stadtansicht von Hamburg im Jahre 1610 sind mittlerweile wieder komplett.

Die drei großen Fliesenbilder und die beiden an der Stirnseite des Raumes, die Vogtei in Ritzebüttel und das Bergedorfer Schloß, wurden nach Entwürfen des Malers und Bildhauers Paul Duyffcke hergestellt. Trotz ihrer sanften Töne in Blau, Violett und gebrochenem Weiß behaupten sie sich gut in der dunklen Mahagonitäfelung des Raumes, die unter der Decke in Bögen endet.

Wer hier als Gast den Worten des Regierungschefs lauscht und mit umherschweifendem Blick nach Gegenargumenten sucht, wird auch oberhalb der Kachelbilder schnell gefesselt. Kräftig bunte Blumenmalereien runden den verschwiegenen Raum zur Decke hin ab und unterstreichen so den Laubencharakter.

Mittendrin wird von Zeit zu Zeit Tacheles geredet. Am abgerundeten Eichentisch mit fünf Armstühlen läßt der Bürgermeister seinem Gast je nach Tageszeit Frühstück oder Mittagessen servieren. Krabben mit Rührei gehören hier morgens zur Tradition, mittags Fleisch und frisches Gemüse, oft Salat und immer Nachtisch.

Für derlei lukullische Begegnungen war die Laube im mittelalterlichen Rathaus, die dem heutigen Erkerzimmer ihren Namen vererbt hat, nicht gedacht. Damals nämlich war sie nur ein überdachter Balkon, von dem aus neue Gesetze verlesen wurden. Der Balkon fiel den diversen Rathausumbauten zum Opfer, doch das dahinter liegende Zimmer blieb stets ein verschwiegener Treffpunkt für die Senatsmitglieder. Und der wurde auch im neuen Rathaus von 1897 eingerichtet. Das Privileg dieser diskreten Umgebung genießen die Ressortchefs und Staatsräte heute im Rathaus meist nur noch, wenn der Bürgermeister sie in die Laube bittet. Ihm gebührt das Einladungsrecht, für die anderen Senatsmitglieder ist üblicherweise in den beiden Vorräumen Schluß.

Senatsspinde im Spiegelbild. Die Garderobe der Senatsmitglieder ist zugleich ihr Waschraum.

Die Laube ist eigentlich nur ein schmaler Erker hinter der Ratsstube auf den Alten Wall hinaus. Die Fliesenmalereien zeigen das Schloß Ritzebüttel, das alte Rathaus an der Trostbrücke und eine Hamburg-Ansicht von 1610.

Dort allerdings wimmelt es immer dann von Behördenchefs, wenn sich der Senat zu Sitzungen trifft. Die Senatsmitglieder haben vor der Laube nämlich ihre Spinde, schmale Eichenschränke, in denen sie ihre Mäntel aufhängen. Um Verwechslungen vorzubeugen, sind alle Schranktüren in Frakturschrift sorgfältig mit den jeweils aktuellen Senatoren- und Staatsratsnamen versehen.

Links von der Ratslaube für die Herren und rechts für Damen. Allerdings zeigt sich hier, daß das Gleichgewicht zwischen männlichen und weiblichen Senatsmitgliedern noch nicht ausgewogen ist. Und weil es mehr männliche Staatsräte gibt, müssen jeweils vier der Herren zu Damen „umfunktioniert“ und auf der rechten Seite der Ratsstube einquartiert werden.

Zum Händewaschen in Senatskreisen trifft man sich hier auch. Jeweils zwei große Waschbecken verhelfen den Senatoren und Staatsräten zu reinlichen Fingern. Und wer nicht nur die Hände sauber auf den Regierungstisch legen, sondern auch die Füße blitzblank darunter hervorgucken lassen will, der kann sich schnell noch der elektrischen Schuhputzmaschine bedienen. Die Inneneinrichter des Rathauses sind allerdings davon ausgegangen, daß nur die Herren mit schmutzigen Schuhen erscheinen. In der Damengarderobe gibt es eine solche Maschine nicht.

Geschniegelt und gebügelt streben die Senatoren und Staatsräte von hier aus nun nicht nur der Ratsstube zu. Gleich nebenan gibt es auch noch drei Sitzungszimmer mit filzbespannten Tischen, von denen zwei ein ganz besonderes Flair haben. Raum I, gleich rechts neben der Ratsstube, zeichnet sich neuerdings nämlich durch besondere Helligkeit aus: Die unpraktische Krone wurde entfernt und durch zwölf grüne Spots an schwarzem Metallgestell ersetzt.

Ein Stück Moderne in der historischen Umgebung, über das die Staatsräte recht froh sind. Sie halten in diesem Raum ihre wöchentlichen Sitzungen ab und können nun endlich lesen, was ihre Mitarbeiter ihnen aufgeschrieben haben. Die Bewahrer des historischen Innenlebens des Rathauses indes können sich mit dem neuen Lichtdesign überhaupt nicht anfreunden.

Der andere Raum mit der besonderen Stimmung liegt ganz links neben der Ratsstube. Er ist nur durch die kleine Küche der Ratsdiener im Senatsgehege zu erreichen und auch nur ein sogenanntes Sitzungszimmer. Der helle Raum mit der nüchternen römischen Drei an der Tür dient den Senatsmitgliedern zum Entspannen und wird gelegentlich als „Sozialraum der Landesregierung“ bespöttelt.

Eine bessere Bezeichnung hatte das versteckte Zimmer auch lange nicht verdient. Da mußten sich Senatoren und Staatsräte nämlich mit zwar bequemen, aber doch ramponierten Fauteuils begnügen, was sie allerdings nicht daran hinderte, sich bei großen Fußballspielen

schnell mal an stählernen Kühlboxen und Regalen mit dem Senatsgeschirr vorbei dorthin zu schleichen.

Der Protest gegen eine allzu ausufernde Benutzung dieses Zimmers als Abstellkammer für unliebsame Gegenstände indes muß groß gewesen sein. Im Zuge der allgemeinen Rathausrenovierung wurde auch für den „Sozialraum" Besserung gelobt – allerdings nicht, ohne ihn vorher den Senatoren erst mal wegzunehmen. Während die anderen Sitzungszimmer den Restauratoren in die Hände fielen, zog in den Raum die Nüchternheit ein. Am großen Besprechungstisch trafen sich nun die Senatssprecher mit ihren Kollegen aus den Behörden und die SPD-Senatoren mit ihrem Fraktionsvorstand.

Doch die Arbeitsatmosphäre ist nun wieder ausgelüftet und den Senatoren und Staatsräten ihr Refugium, in dem sie auch mal die Füße auf den Tisch legen oder in Ruhe nachdenken können, in ansehnlicherem Design wiedergegeben worden. Große Sportereignisse werden nun wieder Einschaltquoten aus dem Hamburger Rathaus registrieren können, und auch für die intime Umgebung, in die sich Regierungsmitglieder an Wahltagen gern zurückziehen, ist wieder gesorgt. Im Schutz der Ratsdienerküche nämlich ist, wenn die Hamburger ihre Kreuzchen gemacht haben, unter Ausschluß der Öffentlichkeit schon so manche Träne geflossen – oder so manches Sektglas erhoben worden. Dafür hat es im alten Sozialraum sogar extra einen reich geschnitzten Barwagen gegeben. Doch ob das nicht sonderlich aparte Möbel auch in die neu gestaltete Umgebung zurückkehrt, ist fraglich. Die Ratsdiener haben inzwischen seine Fähigkeiten als Abstelltisch in ihrer Anrichte schätzen gelernt.

Bis in die Details hinein ist das Rathaus ein handwerklicher Schmuckkasten. Selbst die schweren Fenstergriffe sind eine Zierde.

Salzfaß mit Emaille, 1906 von Senator Carl Mathies gestiftet

Was Hanseaten mit prunkvollem Silber machen

DIE SCHATZKAMMER

Die beiden possierlichen Salznäpfe, 1902 gestiftet von Senator Hugo Brandt und Senator Gottfried F. Holthusen, bleiben stets unter Verschluß, um gar nicht erst jemanden in Versuchung zu führen.

Sobald sich die Staatskasse leert und die Schuldenberge steigen, gerät der Senat unter Beschuß. Und dann ist meistens auch der Spott nicht weit. Jetzt muß, so die Unkenrufe in der Stadt, sogar das Ratssilber verjubelt werden. Doch der funkelnde Schatz steht nach wie vor im Panzerschrank.

Dabei würde für manches der 210 großen und kleinen Stücke sicher ein Liebhaberpreis gezahlt. Denn die Exemplare sind einmalige Handwerkskunst – mit zwei Ausnahmen allerdings. Die Weinkannen „Elbe“ und „Alster“, die durch ihre Verzierungen und die eingravierten Stadtansichten die beiden Hamburger Flüsse symbolisieren, sind Duplikate. Aber was tut man nicht alles, um einen Ehrengast zufriedenzustellen.

Mit den beiden Originalen der Deckelkannen des Silberschmieds Alexander Schönauer sicherte sich der Hamburger Senat das Wohlwollen von König Edward VII. von Großbritannien und Irland, der 1904 in der Hansestadt weilte. Die Majestät zeigte sich so entzückt von den reich verzierten Gefäßen, daß die Gastgeber gar nicht anders konnten, als ihr die Weinkannen mitzugeben.

Das großzügige Geschenk kostete die Stadt zum Glück keinen Pfennig. Die Weinkannen waren, wie all die anderen Gefäße und Schalen, Kandelaber und Tafelaufsätze des Rathausschatzes auch, Gaben reicher Hamburger Bürger. Der Kaufmann Gottfried Friedrich Holthusen, der von 1896 bis 1913 Senator gewesen ist, hat die Elbekanne gestiftet, Friedrich Alfred Lappenberg, von 1888 bis 1907 Senator, trug die Alsterkanne ins Rathaus.

Die Fraktion der Rechten schenkte dem damaligen Bürgerschaftspräsidenten Siegmund Hinrichsen zur Rathauseinweihung zwei Tintenfässer aus Kristall auf silbernem Tablett.

Die „Elbekanne", deren Ausgestaltung den Strom symbolisiert, ist ein Duplikat. Das Original wurde, wie auch die „Alsterkanne", 1904 dem britischen König geschenkt.

Allzu glücklich allerdings war der Senat über seine Großherzigkeit gegenüber Edward VII. offenbar selbst nicht. Jedenfalls ließ er von Schönauer umgehend zwei Duplikate anfertigen, und die sind im Silberschatz nun zu bewundern.

Der britische Monarch übrigens hatte sich auch nicht lumpen lassen. Als Dank für das Hamburger Geschenk sandte er einen von Robert Garrard in London geschaffenen Deckelpokal nach Hamburg. Das in Silber gegossene und vergoldete Stück aus dem Jahr 1861 ist heute der Schatz unter den Schätzen: Er ist mit Diamanten, Amethysten, Granaten und Türkisen geschmückt. Edward ließ ihn für die Hamburger mit Widmung, Monogramm und dem königlich-englischen Wappen gravieren.

Brautbecher mit Raffinesse: Der große Kelch im Rock der vornehmen Dame und die kleine Schale können durch deren besondere Aufhängung gleichzeitig benutzt werden.

Rechte Seite: Die edle Garnitur zum Versiegeln der Post schenkte die Fraktion des Linken Zentrums Bürgerschaftspräsident Siegmund Hinrichsen zur Einweihung des Rathauses.

Der Rathausschatz wird in einem gepanzerten Raum mit Sicherheitsglas gehütet. Im Kunstlicht und auf rotem Samt aufgebaut funkeln die Silberstücke manchmal ganz golden.

Das Prunkstück aus der verschlossenen Schatzkammer wird mindestens einmal im Jahr hervorgeholt, Ende Februar zu Matthiae, wenn mehr als 400 Gäste im Großen Festsaal speisen. Dann schmückt der Pokal den Ehrentisch – und zwingt mit seiner Höhe von 65,5 Zentimetern manch Geladenen, der einen Blick auf den Ehrengast werfen möchte, zu leichten Verrenkungen.

Das aber ist noch gar nichts gegen das, was die Senatsgäste zu Beginn des Jahrhunderts mit dem Silberschatz auf den festlichen Tafeln erlebten. Zu den Stücken, die dann aus der Schatzkammer geholt wurden, gehörte auch ein silberner Tafelaufsatz, den Carl Friedrich Laeisz der Stadt im Januar 1901 zur Erinnerung an den 100. Geburtstag des Gründers der gleichnamigen Reederei überreichte. Die edle Gabe

Der Deckel des kostbaren Pokals von Edward VII. wird von einer mit Blättern verzierten Säule gekrönt, die Wappen und Monogramm des Königs und eine mit Kreuzen und Lilien besetzte Bügelkrone trägt.

symbolisiert die sieben Weltmeere, die von Laeiszschen Segelschiffen befahren wurden.
Der Clou des Geschenks aber war ein Springbrunnen, der mit einem im Inneren des mächtigen Tafelaufsatzes verborgenen Motor zum Sprudeln gebracht wurde. Die Gästeschar soll sich, so berichten die Chronisten, darüber sehr amüsiert haben, die Ratsdiener aber weniger. Denn natürlich blieb bei diesen Gelegenheiten kein Tischtuch lange trocken. Das Thema wurde sogar im Senat behandelt, und der entpuppte sich als Stimmungstöter. Der Motor mußte, so beschloß die Regierungsrunde, entfernt werden.
In der stählernen Kammer neben dem Senatsgehege finden sich auch liebevoll erdachte Stücke, die ganz private Geschichten erzählen.

Der Deckelpokal, den Edward VII. dem Senat 1904 überreichte, hebt sich vom Silberschatz ab. Das Gefäß aus dem Jahr 1861 ist vergoldet und mit Diamanten, Amethysten, Granaten und Türkisen besetzt.

Ein 53 Zentimeter hoher Tafelaufsatz zum Beispiel, etwa 1841 von Friedrich Peters entworfen, ist mit den Wappen der Familien Amsinck und Goßler verziert.
Die silberne Blumenschale auf rundem Sockel und hohem Schaft krönte vermutlich eine große Liebe: Der Tafelaufsatz soll eine Gabe zur Silberhochzeit des Kaufmannes Johannes Amsinck und seiner Frau Emilie, einer geborenen Goßler, gewesen sein. Wer das schöne Gefäß schließlich dem Senat überließ, ist nicht eindeutig überliefert.
Manche der edlen Stücke allerdings können über ihre Herkunft überhaupt keine Auskunft mehr geben. Am 17. Juni 1940 nämlich wurde

eine Verfügung erlassen, die eingravierten Namen jüdischer Stifter zu entfernen. Und so steht zum Beispiel die silberne Kanne, die Senator Hertz bei seinem Amtsantritt stiftete, oder der Tafelaufsatz von Siegfried Wedells nun sozusagen ohne Absender in der begehbaren Schatztruhe des Rathauses.
Weniger Schwierigkeiten hingegen gibt es mit der künstlerischen Herkunft der meisten Schatzstücke. Alexander Schönauer hat den größten Teil geschaffen, und er legte stets Wert darauf, vom Entwurf bis zur Ziselierung allein Hand an sein Werk gelegt zu haben. Ausnahmen allerdings gibt es auch hier.
Gottfried Semper etwa, aus Hamburg stammender Architekt in Dresden, hat 1851 eine große Bowle entworfen, Schönauer aber, so verrät es die Inschrift auf dem Deckelgefäß, fertigte sie an. Der Kaufmann Edmund Siemers schließlich überbrachte die mit Fabelgestalten reichverzierte Bowle 1906 dem Senat.
Während Tafelaufsätze, Weinkannen und Fruchtschalen wenigstens zum Matthiae-Mahl aus ihrem Verlies befreit werden, müssen andere, kleine Ratsschätze dort stets verweilen. Dazu gehört der Brautbecher, aus dem – durch eine besonders bewegliche Konstruktion – von beiden Seiten gleichzeitig getrunken werden kann.
Mit dieser Besonderheit erkaufte sich ein Silberschmied bei seinem Schwiegervater in spe die Heiratsgenehmigung. Der, nicht eben gewillt, die Hand seiner Tochter an deren Auserwählten zu geben, hatte nämlich nur unter der, wie er meinte, unerfüllbaren Bedingung eingewilligt, daß der Silberschmied ihm einen solchen Becher entwarf.
Auch zwei possierliche Salznäpfe, 1902 gestiftet von Senator Hugo Brandt und Senator Gottfried F. Holthusen, bleiben stets unter Verschluß, um gar nicht erst jemanden in Versuchung zu führen. Die innen emaillierten Austernschalen, die von einer Seejungfrau gehalten werden, wären nämlich auch auf jeder privaten Tafel eine Zierde. Solche Feinheiten werden Rathausbesuchern nur in Ausnahmefällen gezeigt, selbst dann hinter Panzerglas verborgen, und nach der Besichtigung gleich wieder mit einem undurchdringlichen Rolladen versperrt. Derlei Zurschaustellungen können spontan geschehen: Der Rathausschatz ist immer blitzblank. Die eindrucksvolle Sammlung ist inzwischen anlaufgeschützt.
Das mag vielleicht nicht besonders stilvoll sein – aber praktisch. Und es verhindert, daß den heutigen Ratsdienern, die über den Silberschatz wachen, so ein Malheur passiert wie einem ihrer Vorgänger. Der wienerte in den 60er Jahren den Pokal der Familie Sieveking blank. Um auch in alle Winkel zu kommen, nahm er den aus vielen Teilen zusammengesetzten Tafelaufsatz in Blütenform auseinander, setzte ihn später wieder zusammen – und hatte prompt ein paar Schrauben übrig. Der Pokal übrigens hält bis heute trotzdem.

Mokkatassen en gros, abgezählt und im Geschirrschrank aufgereiht

Über die Logistik der Galadiners

Die Gläser mit dem goldenen Staatswappen, langstielig und rötlich-braun für den lieblichen, leuchtend grün für den trockenen Weißwein und farblos für den Roten: Weit über 400 Stück stehen je Sorte bereit.

Der langgezogene Raum hinter der Tür 115b ist nicht von ungefähr ganz abseits gelegen. Der Inhalt des fensterlosen Zimmers verdient äußerste Behutsamkeit, damit im Rathaus nicht unnötig Porzellan zerschlagen wird. In dem versteckten Kabinett lagert das Hamburger Staatsgeschirr.

Tassen, Teller und Gläser haben einen eigenen Raum nötig. Denn sie füllen weit mehr als einen üblichen Geschirrschrank. Gleich vorn neben der Tür zum Beispiel die Mokkatassen. 534 Stück stehen dort Henkel an Henkel. Die Teetassen verschwinden daneben geradezu, obwohl auch sie es auf stattliche 246 bringen. Den Vogel aber schießen die Eßteller ab: 1220 Stück werden für Senat und Bürgerschaft und deren Essensgäste ständig vorgehalten.

Das Muster ist in keinem Laden zu kaufen. Goldrand und Staatswappen prangen auf jedem Stück. Ein Zeichen des Wohlstandes. Restbestände des Staatsgeschirrs aus Kriegszeiten dagegen haben noch einen roten Rand, die Löwen im Wappen glänzen nur mattgelb. Zur goldenen Porzellanfarbe reichte es eben nicht immer.

Doch diese Souvenirs der Vergangenheit sind in die hinterste Ecke der Geschirrkammer verbannt. Denn griffbereit muß in den Spezialschränken, die in der rathauseigenen Tischlerei hergestellt wurden, das stehen, was benutzt wird. So auch die Gläser mit dem goldenen Staatswappen, langstielig und rötlich-braun für den lieblichen, leuchtend grün für den trockenen Weißwein und kürzer und farblos für den Roten. Weit über 400 Stück je Sorte stehen in Spezialkörben bereit. Einmal im Jahr machen die Ratsdiener Bestandsaufnahme. Stück für Stück wird durchgezählt, alles auf Beschädigungen untersucht, und notfalls wird neu gekauft. Das Glashaus Hamburg sorgt dann für Nachschub. Tassen und Teller aus feinstem Porzellan werden als Sonderanfertigung bei Hutschenreuther bestellt, die Gläser, handgearbeitet mit speziellem Nic-Nac-Schliff am Fuß und von Hand eingraviertem Staatswappen, werden bei der „Theresienthaler Krystallglas- und Porzellanmanufaktur" geordert.

Die Ausstattung der Geschirrkammer im Rathaus ist die Grundlage für alle Essen, die dort gegeben werden. Schließlich kann es nicht nur danach gehen, was dem Gast wohl schmecken würde. Jeder Gang braucht auch sein korrektes Behältnis. Doch das ist längst nicht die einzige Regel, die der Chefkoch des Ratsweinkellers – traditioneller Lieferant der offiziellen Essen von Senat und Bürgerschaft – vor der Menüzusammenstellung beachten muß.

Der Kreativität des Kochs sind auch deshalb Grenzen gesetzt, weil die Essen einen festen zeitlichen Rahmen haben und Speise für Speise einen langen Servierweg unbeschadet überstehen muß. Er hat zu berücksichtigen, daß vor allem bei großen Essen junge Aushilfskellner engagiert werden, die im Servieren komplizierter Gänge womöglich

noch nicht fit sind. Und was die Landessitte dem Gast zu essen verbietet oder was er, soweit bekannt, schlicht nicht mag, darf natürlich gar nicht auf den Tisch kommen.
All das muß schnell durchdacht werden. Denn für Planung und Vorbereitung bleibt nicht viel Zeit: Drei Wochen später stehen die Gäste der Regierung meistens schon vor der Tür.
Bevor deren Gaumen allerdings verwöhnt werden, finden im Ratsweinkeller schon mal diskrete Probeessen statt. Chefkoch und Vertreter der Gastgeber testen dann ganz unter sich in einer Nische des Grundsteinkellers zwei verschiedene Menüfolgen. Zu Dubletten mit vorherigen Essen kann es dabei nicht kommen: Alle Speisefolgen werden vom Chefkoch und von der Rathausverwaltung penibel notiert. Nach dem Test-Vergnügen kommt für die Crew des Ratsweinkellers die Arbeit. Bestellungen werden aufgegeben, erste Vorbereitungen erledigt. Und je näher der große Tag im Rathaus rückt, desto emsiger geht es in der Küche zu. Von alldem merken die „normalen“ Gäste im Rathaus-Restaurant natürlich nichts. Das normale Geschäft muß weiterlaufen, ganz gleich, wie viele Damen und Herren in einem der Festsäle darüber beköstigt werden sollen.

Historisches Wappen in steriler Umgebung. Vor jedem Essen von Senat und Bürgerschaft werden Tassen und Teller in der Festküche bereitgestellt.

Allerdings muß die Küche des Ratsweinkellers nicht bis zum Schluß für alles herhalten. Die Crew, beim traditionellen Matthiae-Mahl mit etwa 400 Gästen sind das 15 männliche und weibliche Küchenexperten, zieht dann nach oben in die spezielle Festküche um.

Deren Existenz muß älteren Datums sein, obwohl sich in den Chroniken über die Bauzeit des Rathauses darüber nichts findet. Doch bevor unter dem verwinkelten Rathausdach nüchternes Küchendesign eingezogen ist, stand dort noch ein geradezu musealer Herd. Jetzt sind die Anrichten und Warmhalteschränke, Rollwagen und Kühlboxen aus Edelstahl. Eine Küche mit Dimensionen, die mit dem normalen Haushalt nichts zu tun hat.

Hier landen 120 Steaks problemlos gleichzeitig in der Pfanne und finden anschließend zum Durchziehen ohne Schwierigkeiten in einem Spezialschrank Platz, damit die nächsten Fleischstücke angebraten werden können. Und 400 Vorspeisenteller auszubreiten, damit auf ihnen der erste Gang drapiert werden kann, ist auf den langen Anrichten auch kein Problem.

Die gibt es höchstens mal für die Kellner, die mit den fertigen Gerichten eine Etage tiefer auf der Festsaalebene heil ankommen müssen. Vollbeladen geht es eine steile, halbrunde Treppe hinab, in Einbahnstraßenregelung allerdings. Zurück in die Küche führt, um Zusammenstöße zu vermeiden, ein anderer Weg.

Das Mittelbesteck hat Tradition. Gabel, Messer und Löffel spenden die Senatoren für den Rathausschatz, wenn sie aus der Regierung ausscheiden.

Während die Kellner noch flitzen und die Gäste es sich wohlergehen lassen, packen in der Festküche schon zehn Paar Hände kräftig zu. Die Tellerwäscher sorgen dafür, daß der Abend hinter den Kulissen nicht im Chaos endet. Geschirrspülmaschinen stehen hier oben nicht. Derartige Küchenhilfen wären dem Goldrand auf dem Staatsgeschirr auf Dauer abträglich.
Löcher im Bestand der staatlichen Haushaltswaren gibt es trotzdem. So sind auf rätselhafte Weise bei den feinen Essen immer wieder Teile des silbernen Bestecks verschwunden.
Messer, Gabel und Löffel waren allerdings auch Liebhaberstücke: Traditionell stiften Senatoren der Stadt bei ihrem Ausscheiden ein Mittelbesteck mit namentlicher Gravur. Eine Vorkriegstradition, die der ehemalige Wirtschaftssenator Helmuth Kern 1976 wiederaufleben ließ.
Viele seiner damals noch lebenden Vorgänger ließen sich nicht lumpen und lieferten ihre Bestecke brav nach. So findet sich in der Sammlung der massiven Stücke aus 800er Silber auch das Mittelbesteck des legendären Bürgermeisters Herbert Weichmann. Doch die Gaben, die das Ende von Hamburger Politikerkarrieren dokumentieren, sind mittlerweile stets unter Verschluß. Jetzt wird am Tisch der Regierenden mit 120er Auflage gespeist.
Die modernen Bestecke im alten Design ruhen in Metallschränken mit vielen Schubladen – und laufen munter an. Sie auf Hochglanz zu polieren ist die Stunde der Ratsdiener, deren Einsatz vor feinen Essen überhaupt sehr gefordert wird. Denn das ist für die 18 dienstbaren Rathausgeister im Festsaal die Zeit des großen Umräumens.
Tischreihen werden aufgestellt und die Stühle wie mit dem Lineal an ihnen ausgerichtet. Auf den rosendurchwebten Damasttüchern werden die Gläser wie Zinnsoldaten plaziert, die Teller millimetergenau von der Tischkante entfernt aufgereiht und die Servietten kunstvoll gefaltet. Stück für Stück werden schließlich die silbernen Tafelaufsätze herbeigeschleppt. Und gleich nebenan wird die Lobby der Bürgerschaft samt Bürgersaal mit Abstelltischen, Teewagen und Kühlboxen zur Super-Anrichte umfunktioniert.
Das ist im Festsaal dann schon die Stunde der Floristen, die die Tafeln mit Blüten und Blättern dekorieren. Spannend wird es, wenn die Tischkarten aufgestellt werden. Wer neben wem – mit dieser Frage steht und fällt schließlich die Stimmung des Abends.

Der Blick auf die Rückseite ist der Beweis: Der legendäre Bürgermeister Herbert Weichmann hat sein Besteck überreicht.

Sammlung im Dachgeschoß, vorübergehend ausgelagert oder ausrangiert

Von Geschenken und Geschenktem

STAATLICHE MITBRINGSEL

Die vom Senat am häufigsten verschenkte Medaille trägt den Namen des Schlosses Ritzebüttel. Sie zeigt auf der einen Seite die beiden Bürgermeister Versmann und Miles.

Rechte Seite: Die Bürgerschaftspräsidenten sammeln die Mitbringsel aus fernen Landen auf hellen Holzregalen gleich neben der Parlamentsbibliothek.

Die Eichentür mit der Nummer 118 im Treppenhaus am Alten Wall täuscht: Sie verbirgt kein wichtiges Büro und auch keinen geheimen Ausgang. Genaugenommen hat sie gar keine Funktion. Hinter dem edlen Holz schließt nämlich eine stählerne Panzerschranktür eine fensterlose Kammer dicht ab.

Der Safe ist ein Relikt aus ganz frühen Rathauszeiten, als noch die Finanzbehörde samt Kassenschaltern mit in der Regierungszentrale residierte. 1927 zogen die Staatskassierer an den Gänsemarkt und ließen den Panzerschrank zurück, leer natürlich. Inzwischen aber hat er sich längst wieder gefüllt.

Doch in den schwarzen Regalen liegen keine Geldsäcke mehr. Münzen allerdings werden hier in einer hellbraunen Holzkassette noch immer deponiert, nur sind das keine Zahlungsmittel mehr. In dem sicheren Verlies bewahrt der Senat Medaillen auf, die er verleiht, und Geschenke, die er seinen Gästen macht.

Die Medaille als Geschenk gibt es in vielen Ausführungen. Eines aber ist ihnen allen gemeinsam: der Name. Die schimmernden Stücke heißen Portugaleser oder Portugalöser, eine ursprünglich schwere Goldmünze, die Flüchtlinge aus Portugal mit nach Hamburg brachten. Hier wurden sie zunächst als Zehndukatenstücke nachgeprägt,

Besonderes Ehrengeschenk mit stolzer Geschichte: Der Ritzebüttel-Portugaleser erzählt von der Eroberung wichtiger Stützpunkte zur Sicherung der Elbmündung.

松柏
МУРМАНСК

Ein Tresor voller Geschenke. Früher lagerten hinter der schweren Tür die Banknoten und Geldstücke. Heute wird der Panzerschrank von einer schlichten Eichentür kaschiert.

verloren im 17. Jahrhundert jedoch den Münzcharakter und dürfen sich fortan nur noch Medaille nennen.

Die vom Senat am häufigsten Verschenkte trägt den Namen des Schlosses Ritzebüttel und erinnert an die Eroberung der Hamburger Stützpunkte zur Sicherung der Elbmündung, die Insel Neuwerk, Ritzebüttel und die Kirchspiele Altenwalde und Groden. Auf der einen Seite der Medaille sind die Köpfe der Bürgermeister Johannes Versmann und Kersten Miles eingeprägt, auf der anderen eine Kogge am Turm von Neuwerk. Die immer leerer werdende Staatskasse allerdings hat die Medaille verändert. Heute wird sie nur noch als Silberstück verschenkt. Lediglich ein goldener Ritzebüttel-Portugaleser ruht noch im Panzerschrank des Rathauses. Doch da wird er, als gute Geldanlage sozusagen, liegen bleiben. Denn von so üppigen Geschenken hat der Hamburger Senat längst Abstand genommen.

Das Schild, das die Herkunft des ehemaligen Geldschrankes belegt, ist ein Kunstwerk für sich und dokumentiert, an wen die Tresore geliefert wurden.

Apropos Geschenk – den Ritzebüttel-Portugaleser kann sich jedermann auch selbst überreichen. Die Medaille ist nicht geschützt und kann daher auch einfach gekauft werden.

Um den Münzkasten herum hat sich inzwischen ein kleines Antiquariat angesammelt. Werke von Alfred Lichtwark und frühe Ausgaben von Heinrich Heine, Bände über das neue Altona aus den Jahren 1919 bis 1920 oder historische biographische Blätter mit den Geschichten bedeutender Hamburger Firmen liegen dort als Präsente griffbereit. Sorgfältig in weißes Seidenpapier verpackt und mit gelben Notizzetteln versehen, ruhen die Geschenke in den schwarzen Regalen, einst günstig ersteigert und inzwischen zu so manch bedeutendem Wert gewachsen. Zu ihnen gesellen sich Bände mit großformatigen Fotos und informativem Text über Hamburg, das Standardgeschenk des Senats, und – bequem für das leichte diplomatische Reisegepäck – jede Menge Montblanc-Schreiber.

Der gut gefüllte Fundus ist ein Zeichen für die Hamburger Sparsamkeit. Mit den kleinen und großen Aufmerksamkeiten wird nicht mehr so freizügig umgegangen wie in der Vergangenheit. Aber an der guten Bestückung der Regale im Panzerschrank zeigt sich auch, daß die Zahl der Staatsgäste weniger geworden ist. Das war, etwa als Helmut

Schmidt noch Bundeskanzler war, ganz anders. Da gehörte es zum Pflichtprogramm für jeden Staatsmann, auch einmal in der Hansestadt vorbeizuschauen. Nicht nur, daß Hamburg derzeit nicht mehr den Regierungschef stellt – nach der Öffnung der deutsch-deutschen Grenze bieten sich gleich fünf neue Bundesländer als Reisestationen für Staatsgäste an. Die geschmackvolle Auswahl der Senatspräsente indes läßt hoffen, daß der Beschenkte der Hamburger Gabe einen Ehrenplatz zuweist. Im Rathaus jedenfalls wird das so gehandhabt. Der Teppich zum Beispiel, den der Schah von Persien den Hamburgern 1955 zum Geschenk machte, liegt heute vorm Bürgermeisteramtszimmer. Zu den Präsenten aber, die die Landesregierung erhält, gehört neben der Kunst auch viel Kitsch, und der wird gern verborgen. Doch der Umfang der Mitbringsel aus fernen Landen macht ein einfaches Abstellen in irgendeinem Büroschrank schier unmöglich. So läßt sich etwa der Speer mit rotem, samtbezogenem Schild, vom ehemaligen äthiopischen Kaiser Haile Selassie vor gut 40 Jahren mit nach Hamburg gebracht, kaum hinter Aktenordnern verstecken.
Da muß dann schon der Dachboden ran. Jedem neugierigen Blick entzogen und gut verschlossen werden dort in der „Schreckenskammer“ die weniger geliebten Mitbringsel gekrönter und ungekrönter Häupter aufbewahrt. So stiefmütterlich wie bisher wird mit solchen Gaben inzwischen aber nicht mehr umgegangen: Die „Schreckenskammer“, einst ein verstaubtes und enges Verlies mit wenig Licht, ist umgezogen. Elefantenzähne und ein Kopfputz aus Büffelhörnern und Muscheln, die pinkfarbene Mammutvase mit Moskau-Ansicht, die der ehemalige sowjetische Staats- und Parteichef Leonid Breschnjew als Gastgeschenk in seinem Gepäck hatte, die Keksschalen, Wimpel, Wappen und Standbilder ruhen jetzt ein paar Türen weiter auf stabilen Regalen, gut beleuchtet und ein bißchen geordnet. Denn sie alle haben schließlich eine Geschichte.
Das Fotoalbum zum Beispiel, bestickt und verziert mit Brokat und Bildern, das der frühere freidemokratische Wirtschaftssenator Edgar Engelhard einst geschenkt bekam, sagt etwas über den privaten Geschmack im Hause Engelhard aus. Der Senator schickte das Album zwecks Aufbewahrung an die Senatskanzlei und schrieb dem damaligen Protokollchef Henning Jess dazu, daß er sich mit dem „schrecklichen und angeblich furchtbar wertvollen Album nicht hätte nach Hause trauen dürfen“.
Eine halbnackte Tempeltänzerin, die dem ehemaligen Zweiten Bürgermeister Ingo von Münch verehrt wurde, fand zwar nicht den Geschmack des FDP-Politikers, wohl aber den eines anderen Gastes. Der namentlich nicht mehr zu Entziffernde teilte Münch mit, er habe Interesse an dem Kauf der Figur, falls sie denn veräußert werden sollte. Aber natürlich macht der Senat mit seinen Geschenken keine

Geschäfte. Sie werden höchstens gleich weiterverschenkt. So landete die kostbare Jagdflinte, die Bürgermeister Herbert Weichmann überreicht wurde, flugs bei einem Sammler. Weichmann konnte Waffen nicht ausstehen.

Mit dem Umzug in den neuen Raum haben die Gastgeschenke übrigens teils kostbare Nachbarschaft bekommen. In der kleinen Kammer werden auch die Bilder aufbewahrt, für die derzeit niemand einen passenden Wandplatz hat oder die einfach nicht mehr in die Zeit passen.

Das hat der „Schreckenskammer" auch zu einem neuen Namen verholfen: „Bilderkammer" heißt der Raum unter dem Rathausdach nun offiziell. Und so kann der Senat künftig jedem Gast, der sich mal nach seinem Geschenk erkundigt, unbeschwert Auskunft geben.

Damit hat die Bürgerschaft schon länger kein Problem mehr. Bei ihr werden die bizarren Gaben, die es mit denen für die Landesregierung leicht aufnehmen können, in der Parlamentsbibliothek aufbewahrt. Doch Napoleon als Plüschkatze, grellbemalte Teller und Vasen mit Blumenmotiven und Stadtansichten, gewebte Wandbilder und Metallschalen mit wilden, eingeprägten Motiven stehen nicht zwischen den feinen, ledergebundenen Chroniken. Für diese ganz besondere Stilkunde ferner Länder sind in einem der Bibliothek angegliederten Aktenlager Regale freigeräumt worden. Aber das muß man ja nicht unbedingt dazusagen.

Freundschaftsgaben, zum verpackten Kunstwerk aufgetürmt. Die Geschenke, die der Senat stets parat hat, werden erst mal schonend in feines Seidenpapier eingewickelt.

Historische Rathausgewölbe, nach späteren Einbauten neu genutzt

Womit sich die Regenten umgeben

DIE CHEFBÜROS

Die ungewöhnliche Flucht von Kammern und Zimmern bietet überraschende Einblicke. Denn dort, wo jetzt die Regierungschefs arbeiten, hatten die Rathauserbauer lange Gänge und großzügige Säle angelegt.

Die beiden Hausherren im Rathaus sind an ihren Schreibtischen stets unter Beobachtung. Bürgerschaftspräsidentin Ute Pape guckt ihr legendärer Amtsvorgänger Adolph Schönfelder seitlich über die Schulter, bei Bürgermeister Henning Voscherau ist es der Papa. In die Amtsgeschäfte eingreifen jedoch können beide nicht: Vater Voscherau hängt in Öl gemalt an der Wand, Schönfelder als Kohlezeichnung.

Der erste gewählte Präsident der Bürgerschaft nach dem Krieg hat an der Wand im Chefzimmer des Landesparlaments Ecke Große

Bürgerschaftspräsidentin Ute Pape ist an ihrem Rathausschreibtisch in der Obhut ihres prominenten Amtsvorgängers Adolph Schönfelder.

Johannisstraße einen Stammplatz. Schönfelder sieht die Präsidenten kommen und gehen, und keiner seiner Nachfolger käme jemals auf die Idee, sein Portrait etwa in die Bilderkammer zu verbannen. Zur Verwirklichung des eigenen Geschmacks gibt es in dem fast quadratischen hohen Raum noch genügend Platz.

Ute Pape, die im Oktober 1993 in das Präsidenten-Zimmer einzog, umgibt sich mit moderner Kunst. Sie arbeitet nun Auge in Auge mit einer bunten Südseeplastik, die 1922 von dem Dresdner Künstler Karl Gotsch gemalt wurde. Seitlich davon hängt eine kräftig bunte Hügellandschaft der Hamburgerin Charlotte Hilmer, deren beherzten Umgang mit der Farbe Ute Pape bewundert. Beide Bilder sind Leihgaben aus dem Fundus der Kunsthalle.

Unterhalb dieser bunten Fröhlichkeit wird es ernst. Am rechteckigen Besprechungstisch mit Holzplatte und Chrombeinen trifft sich die Präsidentin mit ihren Mitarbeitern. Zum engen Team gehören die beiden Vorzimmerdamen, der persönliche Referent, der Pressesprecher und der Direktor der Bürgerschaft. Kommt nur einer von ihnen zur

Bürgermeister Henning Voscherau arbeitet am Notebook im hellen Rathausbüro unter dem wohlwollenden Blick seines Vaters Carl.

Das prächtige Gemälde „Das Blockhaus" von Rudolf Hardorff hat im Zimmer der Bürgerschaftspräsidenten wegen seiner Größe einen idealen Wandplatz gefunden. Es erzählt von dem regen Treiben auf der Elbe vor der „Bastion Neptun", von der aus der Hafen einst verteidigt wurde. Das Bild bekam der damalige Bürgermeister Max Brauer 1950 geschenkt.

kurzen Absprache ins Präsidentenzimmer, steht ein einzelner Stuhl direkt vor dem Schreibtisch mit Teakholzplatte parat.
Dann sitzt die Präsidentin an ihrem Arbeitsplatz auf einem schwarzen Ledersessel mit Rollen, im Rücken einen braunen Wandteppich mit eingewebtem Hamburger Wappen. Das Geschenk der Hamburger Frauen an die Stadt zur Rathauseinweihung 1897 hing zunächst hinter dem Präsidentensessel im Plenarsaal der Bürgerschaft, verschwand dann auf dem Boden und wurde schließlich für das Präsidentenzimmer wieder aufgearbeitet.
Daß mittlerweile fast 100 Jahre ins Land gegangen sind, sieht man dem Wandteppich nicht an – spürbar aber ist der Wandel der Zeiten hier genau: Auf dem Schreibtisch der Präsidentin steht ein Computer. Bildschirm und Tastatur allerdings werden von ihr nur selten in Betrieb genommen. Das Computernetz im Rathaus, so bedauert Ute Pape, lasse doch noch sehr zu wünschen übrig. Dem Filzschreiber mit der grünen Mine – das ist die Farbe der Obersten in der staatlichen Hierarchie – wird folglich weiterhin die Treue gehalten.
Diese eher nüchterne Arbeitsumgebung, die jeden Montag durch einen kleinen Blumenstrauß auf dem Schreibtisch ein bißchen aufgelockert wird, ist indes nur der eine Teil des Präsidentenzimmers. Denn Ute Pape muß, anders als der Bürgermeister, ihr Zimmer auch zum Repräsentieren nutzen. Die Inneneinrichter des Raumes haben das geschickt aufgefangen: links von der Tür der Arbeitsbereich und rechts der für die offiziellen Anlässe.
Die finden auf zwei bequemen Ledersofas statt. An Gesprächsstoff zum Einstieg mangelt es dabei nie. Über der Sitzecke nämlich hängt ein Gemälde, an dem sich niemand so schnell sattsehen wird. „Das Blockhaus" des Hamburger Malers Rudolf Hardorff, der 1815 bis 1907 lebte, hält eine lebhafte Hafenszene fest, in deren Mittelpunkt die Bastion Neptun steht, von der aus der Hafen verteidigt wurde.
Das begehrte Gemälde gehört zwar zum ständigen Inventar des Präsidentenzimmers, aber der Präsidentin gehört es nicht. Ein Hamburger Bürger hat es 1950 vielmehr dem damaligen Bürgermeister Max Brauer geschenkt. Die Gabe sollte die Erinnerung an zwei Verwandte des Spenders, Nicolaus Hudtwalcker und Carl Johannes Wesselhöft, wachhalten.
Doch auch wer sich nicht für Malerei interessiert, kann mit der Präsidentin über Historisches plaudern. Die schlichte Sitzgruppe wird von zwei prächtigen Eichenschränken mit schwarzen Säulen, Schüben und vielen handwerklichen Details eingerahmt, die aus der Renaissance stammen. Die seltenen Stücke haben heute einen ganz profanen Inhalt: Frau Pape stapelt dort ihre Arbeitsakten auf.
Das zeigt sie jedem gern. Zögerlicher wird sie, wenn das Thema auf die schmale Tapetentür kommt, die sich zwischen Fernsehtisch und

Sitzecke drängt. Dahinter verbirgt sich ein langjähriges Ärgernis: das Bad für die Bürgerschaftspräsidenten. Dessen Einbau wurde übermäßig teuer, weil die Planer der Baubehörde eine Erbschaft ausgerechnet der Finanzbehörde, die hier bis 1927 residierte, unterschätzt hatten: Der Raum, in dem sich die Parlamentspräsidenten nun frisch machen können, war nämlich ein außerordentlich widerstandsfähiger, begehbarer Panzerschrank.

Die mit dessen Demontage verbundenen Kosten und Mühen lassen sich heute natürlich nicht mehr erkennen. Daß der Spaß insgesamt aber nicht billig war, sehr wohl. Doch die kostbaren Hölzer, der blankpolierte Stein und die edlen Armaturen sind unterdessen auch

Die schweren Eichenschränke im Zimmer der Bürgerschaftspräsidenten zeugen mit ihren vielen Details von feinster Handwerkskunst aus der Renaissance.

Eine Tapetentür im Bürgermeisterbüro verbirgt den steilen Weg nach oben. Die Stiege führt auf einen Zwischenboden mit Waschgelegenheit und Feldbett, einem Einbau aus Herbert Weichmanns Zeiten.

Ute Pape und ihren Vorgängerinnen peinlich. Sie hätten lieber mehr praktische als teure Details gehabt.

Tapetentüren finden sich auf der gegenüberliegenden Rathausseite an der Ecke Alter Wall auch – und eine von ihnen führt ebenfalls in ein Bad. Doch Bürgermeister Henning Voscherau muß erst eine steile Stiege hinaufklettern, bevor er sich die Hände waschen kann. Waschbecken und Dusche sind auf einem Zwischenboden über dem Büro des Bürgermeisters untergebracht und nicht eben auf dem modernsten Stand.

Dafür haben sie aber auch schon Generationen von Bürgermeistern erlebt: Hier oben machte sich schon Herbert Weichmann frisch. Der Bürgermeister nutzte Ende der sechziger Jahre den Bodenraum auch zum Nickerchen. Die Pritsche steht heute noch dort und tut nun manchmal dem jetzigen Bürgermeister gute Dienste.

Lange allerdings hält sich Henning Voscherau in der kargen Umgebung nicht auf. Das liegt nicht nur an seinem engen Terminplan, sondern auch an der schlechten Luft, die in der niedrigen Etage herrscht. Die halbrunden Fenster lassen sich nicht öffnen. Sie sind nämlich nur die oberen Teile der großen Rathausfenster, durch die Zwischendecke abgetrennt vom Bürgermeister-Büro.

Das ist nicht die einzige architektonische Spezialität, die das Refugium des Regierungschefs zu bieten hat. Abgehängte Decken und eingezogene Wände haben zu einer kuriosen Ansammlung von Räumen geführt. Doch die ungewöhnliche Flucht von Kammern und Zimmern bietet überraschende Einblicke. Denn dort, wo jetzt die Regierungschefs arbeiten, hatten die Rathauserbauer lange Gänge und großzügige Säle angelegt. Und so drängen sich unter mancher Zwischendecke noch heute Teile der alten Rundbögen hervor.

Doch selbst diese fast vergessene Pracht bleibt Bürgermeister Voscherau verborgen. Er regiert – wenn er nicht im Bürgermeister-Amtszimmer repräsentiert – zwischen unverschnörkelten Wänden und abgehängter Decke im Eckzimmer, direkt unter den Augen seines Vaters Carl. Das Bild des Hamburger Kunstmalers Hannes Runge, der 1975 starb, ist für den Bürgermeister von seiner Seite nicht mehr wegzudenken. Dabei hatte es ihm anfangs einen gehörigen Schrecken eingejagt.

Das Bildnis ist ein Geschenk des Sohnes von Runge. Er hatte es in Abwesenheit Voscheraus zur Übergabe wirkungsvoll auf dessen Schreibtischstuhl plaziert – mit der Folge, daß der Bürgermeister, der das Bild vorher nicht kannte, bei seiner Rückkehr seinem Vater plötzlich Angesicht zu Angesicht gegenüberstand.

Der gemalte Papa, nun neben Voscheraus ledernem Schreibtischsessel aus Notariatszeiten an die Wand gehängt, ist allerdings nicht das einzige Familienmitglied, das beim Regieren immer dabei ist. Auf der

Blanke Dielen und Tageslicht aus dem abgeschnittenen Oberlicht des Bürgermeisterbüros prägen den Raum, in dem der Regierungschef gelegentlich kurze Entspannung sucht. Von der Pritsche aus läßt sich per Zugseil eine Deckenlampe anschalten.

Getrocknete Rosen, die offenbar keine Erinnerungen mehr wecken. Seit wann sie auf dem Bürgermeisterboden hängen, ist jedenfalls nicht überliefert.

gläsernen Arbeitsplatte steht auch ein Foto von Frau und Kindern. Und die haben auch noch dafür gesorgt, daß der Vater immer weiß, wie weit das Jahr schon wieder vorüber ist: Gegenüber vom Schreibtisch hängt ein selbstgemachter Kalender.

Den haben auch die Besucher immer im Blick, die beim Bürgermeister mal auf der Couch Platz nehmen dürfen. Doch die kleine beigefarbene Sitzgruppe in der Zimmerecke dient nur intimen Runden. Für Gespräche mit den engsten Mitarbeitern – zwei Sekretärinnen, Büroleiter, persönliche Referentin und Pressesprecher – und für Konferenzen in größerer Runde steht der Glastisch mit acht modernen Lederstühlen bereit. Sie allerdings dienen gelegentlich auch als Ablage. Für sein System der Aktenlektüre braucht der Bürgermeister nämlich Platz. Die Papiere werden selbst auf dem Boden je nach Bearbeitungsstand zu kleinen Häufchen geschichtet. Doch ihre Lektüre ist nicht des Bürgermeisters liebste Arbeitsmethode. Er bedient sich vielmehr seines Notebooks.

Der kleine Computer steht betriebsbereit auf dem Schreibtisch und hat mittlerweile alles gespeichert, was in den Augen von Voscherau wissenswert ist. In schwarzer Reißverschlußtasche ist die kleine Maschine bei wichtigen Konferenzen deshalb auch sein ständiger Begleiter.
Was natürlich nicht heißt, daß der Bürgermeister nichts mehr mit der Hand schreibt. Für den täglichen Bedarf tut es da der Filzstift mit der grünen Cheffarbe, für besondere Gelegenheiten wird das Meisterstück von Montblanc aus der Schublade befördert. Und daß Voscherau nicht nur mit dem Computer lebt, zeigt auch sein gut bestücktes Bücherregal, das eine Querwand der Raumes ausfüllt. Vom Hamburg-Bildband über verschiedene Nachschlagewerke bis hin zu Gesetzestexten hat sich der Bürgermeister hier, für den Hausgebrauch wenigstens, von den Bibliotheken unabhängig gemacht.
Die Ordnung in den Regalen ist keineswegs zufällig. Der vorausschauende Regierungschef stellt die Bücher immer so auf, daß er bei einem Auszug aus dem Rathaus per Handgriff die eigenen schnell packen kann, ohne versehentlich eines mitzunehmen, das der Stadt gehört. Hamburg hat er im übrigen in seinem Büro immer vor Augen. Beim Blick aus dem Fenster über den Rathausmarkt hinaus je nach Wetterlage in unterschiedlicher Stimmung, stets fröhlich bunt und ein bißchen lässig gestaltet durch eine Hamburg-Szene des Malers Ehrich Turlach, die über dem Konferenztisch hängt. Und gleich daneben weist Voscherau ein Bild des Künstlers Manfred Gerlach den Weg durch den Arbeitstag. Lust und Liebe zu einem Ding, so muntert die Collage auf, macht die schwerste Arbeit gering.

Die betagte Scherenlampe über dem Feldbett hat schon auf so manche inoffizielle Bürgermeisterlektüre ihr Licht geworfen.

Rathausboden bühnenreif, für ein Burgfräulein gut geeignet

Auf dunklen Böden die Quellen des Lichts

DER DACHBODEN

Das meiste Gerümpel, das sich im Laufe der Jahre hier oben angesammelt hat, ist wegen der Brandgefahr inzwischen abgeholt worden. Doch diese antike Waage hat „überlebt".

Manch ein Hamburger würde den Regierenden sicher gern mal aufs Dach steigen. Im übertragenen Sinne ist dagegen ja auch nichts einzuwenden – tatsächlich sind die schrägen Kupferdachflächen natürlich tabu. Dabei verbergen sich zwischen den Rathausflügeln lauschige Flachdachnischen, die zum Verweilen einladen. Die verschwiegensten „Dachgärten" der Hansestadt liegen zu beiden Seiten der Hauptfassade. Eingekuschelt zwischen den Dachschrägen von Haupt- und Nebenflügeln öffnen sich hier Einblicke und Ausblicke ganz besonderer Art.

So setzt mitten im hellen Grün des Kupferdaches über dem Senatsflügel eine milchige Glasdachfläche schimmernde Akzente. Das Oberlicht sorgt in der Ratsstube für Helligkeit – und hat prompt zu einem Spruch geführt, den die Senatoren sicher gern hören: Über ihnen sei nur noch Gott.

Zwei Bodenräume, die zeigen, wieviel Platz unter dem stählernen Dachstuhl ist.

Der helle Dachboden über dem Senatsflügel am Alten Wall bildet einen starken Kontrast zu den dunklen Bodenflächen unter der Holzverschalung. Die großen Oberlichter symbolisieren nach einer historischen Regierungsmeinung, daß über dem Senat nur noch Gott ist.

Doch weil auch der einer Regierung mal grollen kann, ist darunter noch eine zweite Glasdachfläche eingezogen worden. Undurchsichtig sind sie beide, so daß auch von hier oben keine genaueren Kenntnisse über die Arbeit der Senatoren mitgenommen werden können.
Auf der Bürgerschaftsseite ist das ein bißchen anders. Hier bietet sich von der flachen Dachfläche aus immerhin ein freier Blick in die Bibliothek der Parlamentarier. Das pyramidenförmige Glasdach, das tagsüber für gutes Leselicht sorgt, spiegelt die umliegenden Dachflächen und den Rathausturm wider, der sich im wahrsten Sinne des Wortes zum Greifen nah in die Höhe reckt. Eine leicht nach innen gewölbte, glatte Kupferrinne nämlich führt von dieser Dachfläche aus hinauf an seine Außenwand eben unterhalb der Uhr.
Derlei Kletterpartien sind für die Techniker, die sich um die Erhaltung der Kupferdachfläche sorgen, keine Seltenheit. Immerhin müssen 10000 Quadratmeter im Auge behalten werden, auf denen überwiegend Kupferplatten mit einer durchschnittlichen Größe von 55 mal 75 Zentimetern seit 100 Jahren auf die darunter liegende Holzverschalung genagelt sind.
Vom Dach aus betrachtet, macht sich die riesige Kupferfläche wie eine überdimensionale Welle aus. Doch der sanfte Schwung, der durch die leichte Wölbung der einzelnen Platten entsteht, hat seine Tücken. An den unübersichtlichen Nahtstellen kann der Hamburger Regen immer mal den Weg nach drinnen finden. Die Schlupflöcher aber sollen bis zum Rathausgeburtstag nach und nach verstopft werden.
Auf dem Dachboden der Regierungszentrale haben sich die Ratsdiener auf Leckagen unterdessen mit Bordmitteln eingerichtet. Rote und weiße Plastikeimer, deren Aufschrift sie als ehemalige Behälter für Sauerkraut oder feinste Salate ausweist, stehen zur ersten Hilfe bereit. Und Nachschub kann schnell besorgt werden: Der Ratsweinkeller ist stets zu Diensten.
Die Konstruktion des Rathausdaches wird am besten auf dem riesigen Boden über dem Großen Festsaal deutlich. Die dunkelgrauen Stahlbinder bilden dort skelettartig einen Dachstuhl, dessen Ausmaße an eine gotische Kathedrale erinnern. Die dunklen Kanthölzer, an den Bindern befestigt und Grundlage für die Kupferplatten, hüllen den Boden in unheimliche Düsternis.
Dabei sitzt hier die Quelle des Lichts, die den Großen Festsaal erstrahlen läßt. Drei rechteckige Sicherungskästen – für jede der drei Kronen einer – sorgen für den Strom, der die 276 Glühbirnen pro Lüster zum Leuchten bringt. Die elektrischen Kabel aber sind nur eine Verbindung zwischen Dachboden und Festsaal-Leuchtern.
Die andere wird über die Stahltrossen von Seilwinden hergestellt, mit deren Hilfe die Kronleuchter zum Putzen und Auswechseln defekter Birnen auf den Fußboden des Festsaales herabgelassen werden. Die

Die großen Leuchter in den Festsälen werden inzwischen mit moderner Technik betrieben. Mit der Winde werden die Lüster zum Putzen oder zum Auswechseln defekter Birnen herabgelassen.

Hilfe eines Elektromotors zum Herauf- und Herabziehen der Lüster gibt es allerdings erst seit 1985, vorher mußten die Kronleuchter per Hand auf- und abgekurbelt werden. Das waren immerhin jeweils 1,5 Tonnen, die viermal im Jahr per Muskelkraft bewegt wurden. Derlei Ausmaße wie der Boden über dem Großen Festsaal haben die anderen Dachräume nicht. Da finden sich Aktenlager, sorgfältig von Maschendraht verschlossen, Kammern, in denen die Maler ihre Utensilien aufbewahren, und eine komplett eingerichtete Werkstatt für den Rathauselektriker.

Gelegentlich stehen auch noch ausrangierte Tische herum, einmal sogar liebevoll mit sechs Sesseln bestückt, deren orangefarbene Polsterung in den 50er Jahren modern gewesen sein mag. Eine Konferenzrunde, an der womöglich Geschichte geschrieben wurde. Das meiste

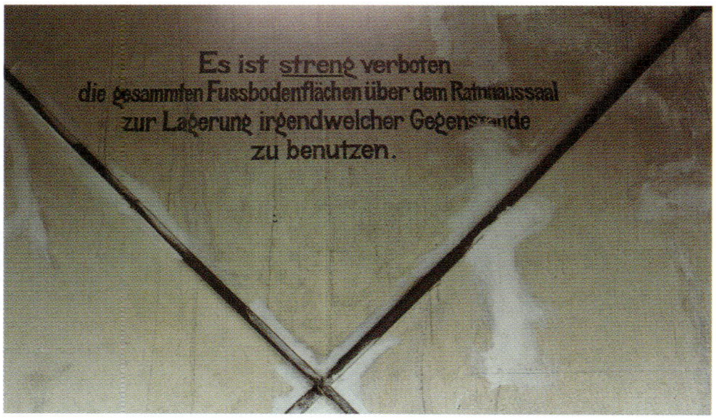

Die Rathausbaumeister müssen den Sammeltrieb der späteren Benutzer des Hauses geahnt haben. Doch so ganz kann auf den Boden als Abstellfläche nicht verzichtet werden. Türen, die durch nachträgliche Umbauten übrig waren, werden sicherheitshalber aufbewahrt.

Der große Rathausboden gibt durch seine erneuerten Fenster hindurch immer andere Ausblicke auf die Stadt frei, hier ganz hamburgtypisch auf die Flagge und die Alsterarkaden.

Gerümpel aber, das sich im Laufe der Jahre hier oben angesammelt hat, ist inzwischen abgeholt worden. Die Brandgefahr war zu groß. So leergeräumt zeigt der Rundgang über den Boden die komplizierte Architektur der Regierungszentrale. Kaum eine Fläche ist mit einer anderen auf gleicher Ebene und kaum ein Raum einfach nur ein viereckiges Zimmer. Die Außenansicht des Rathauses, die Symmetrie des Daches und die Anordnung von Türmchen und Erkern haben ein Labyrinth aus Stufen und Nischen, Winkeln und Treppen entstehen lassen. Hier oben erklärt sich, warum es so schwer ist, die genaue Geschoßzahl zu bestimmen, und auch, daß sicher niemand im Ernst gezählt hat, wie viele Zimmer das Rathaus nun wirklich hat. 647, wie die Chroniken festhalten, sind es wohl.

Eins von ihnen, die Ratsstube, ist mit seinem dünnen Oberlicht den Bodenbesuchern nahezu schutzlos ausgeliefert. Klar, daß die Landesregierung derlei Kontakte gern vermeidet, zumal sie doch über sich eigentlich nur noch den Schöpfer duldet. Doch es liegt nicht nur daran, daß die Dachböden vom Rathaus nicht längst ausgebaut worden sind. Der Umbau wäre viel zu schwierig – und vor allem viel zu teuer.

Die Probleme beginnen schon bei der Höhe. Von 22 Metern an, so schreibt es die Feuerwehr vor, muß ein zweites Treppenhaus gebaut werden. 22 Meter über dem Rathausmarkt aber erreichen die Böden locker. Allerdings ist der von innen nur in Ausnahmefällen durch winzige Dachluken oder kleine Gauben zu sehen, die Dachflächen selbst sind fast komplett geschlossen.

Das ist das zweite Hindernis für einen Ausbau. Denn mehr Licht auf dem Boden hieße mehr Fenster im Dach – und prompt stünden die Denkmalschützer vor der Tür. Schließlich noch der breite Betonsockel, der sich entlang der Schrägen über den Rathausboden zieht und die Abluftrohre verbirgt. Er begrenzt die Bodenflächen manchmal ungebührlich und wäre architektonisch nur schwer einzubeziehen.

Träumen aber ist hier oben unter dem schwarzen Stahlskelett erlaubt. Das haben sich auch schon Politiker gestattet. Bürgermeister Klaus von Dohnanyi zum Beispiel hätte in den achtziger Jahren auf dem Rathausboden gern Büros eingebaut. Sein damaliger Stellvertreter Ingo von Münch indes, der Kultur sehr zugetan, sah schon die lichtdurchfluteten Ateliers von Künstlern vor sich.

Geblieben ist von allen Blütenträumen für die Benutzung des Dachbodens im Rathaus nur ein kleiner Raum hinter einer festen Eisentür, rundherum vollgestellt mit Schränken und Kommoden, die ein Sammelsurium verbergen. Bauzeichnungen und Modelle, durchgerostete Rohrstücke, die die Anfälligkeit des Heizungssystems beweisen, und Reste historischer Tapeten – in Raum 435 unterm Kupferdach wächst ein außergewöhnliches Rathausmuseum.

Historisches Uhrenschlagwerk, vom Glaskasten sicher geschützt

Wo Senat und Bürgerschaft die Stunde schlägt

DER RATHAUSTURM

Jedesmal, wenn die Zeiger draußen am Turm eine Minute weiterspringen, drehen sich auf dem Uhrenboden die Zahnräder, bewegen sich geräuschvoll die Gelenkarme, lassen es rattern und knacken.

Die Wendeltreppe schraubt sich im Rathausturm zwischen den innenliegenden Schornsteinen in schwindelnde Höhen empor. Stahlbinder und Holzverschalung bilden die Unterlage für das in der Turmspitze endende Kupferdach.

Genau 436 Stufen über der Rathausdiele ist der Himmel zum Greifen nah. Wenige Meter unter dem Reichsadler, der 112 Meter über dem Erdboden die Turmspitze ziert, schweift der Blick über die Dächer, läßt Menschen zu Ameisen werden und das Netz von Straßen und Fleeten zu einem klaren Skelett der Metropole. Doch diese nichtöffentliche Stadtansicht hat ihren Preis: Nur per pedes geht es hinauf in den Rathausturm.

Ein Weg, der nicht ausgewiesen ist und nicht einmal von denen entdeckt wird, die es immerhin bis hinauf in die dritte Etage zur SPD-Bürgerschaftsfraktion gebracht haben. Die Tür mit der Nummer 425, hinter der der Aufstieg auf den Turm beginnt, liegt gut verborgen auf dem Dachboden. Doch die Orientierung geht nicht verloren. 28 Meter über dem Rathausmarkt, so ist mit schwarzer Farbe an der Wand vermerkt, liegt die Startlinie für die Kletterpartie.

Wer hier zuvor noch eine Ruhepause braucht: Die Matratzen liegen parat. Allerdings sind sie nicht für den Normalfall gedacht. Die recht betagten Schlafstätten müssen allenfalls als Nachtlager für diejenigen herhalten, die bei einem Katastrophenfall im Rathaus mal eine Sonderschicht einlegen. Für die Tour auf den Turm erweisen sie sich aber zweckentfremdet als nützlich. Überflüssiges Gepäck und im Sommer allzu warme Kleidung kann hier getrost deponiert werden.

Auf daß es locker hinaufgeht. Immer an der Wand entlang, Stufe für Stufe aus Stein und von fest gemauerter Wand geschützt, fordert die erste Etappe geradezu zum zügigen Schritt heraus. Ein harmloser Start, der Weg auf den Phönix-Balkon.

Welch klangvoller Name für eine karge Bodenfläche, deren wichtige Funktion erst auf dem schmalen Austritt sichtbar wird. Hier setzen die Ratsdiener bei hohem Besuch nämlich die Staatsflagge am Turm. Die goldenen Löwen mit dem Hamburger Tor werden im frischen Wind durch ein schweres Stahlseil gebändigt.

Eine Ebene höher ist nicht nur bei besonderen Anlässen etwas los, sondern gleich jede Minute. Denn 41 Meter über dem Rathausmarkt steht die 100 Jahre alte Rathausuhr. Jedesmal, wenn die Zeiger draußen am Turm eine Minute weiterspringen, drehen sich auf dem Uhrenboden die Zahnräder, bewegen sich geräuschvoll die Gelenkarme, lassen es rattern und knacken.

Das, was sich hier so munter in Bewegung setzt, ist das Schlagwerk für die Turmuhr. Das bizarre Gebilde aus Messing und Eisen, aufgestellt in einem verglasten Holzhäuschen wie in einem alten Straßenbahnwagen, wurde 1895 in Bockenem am Harz von der Firma Weule gebaut. Das Zeigerwerk steht gleich daneben, klein und unscheinbar, und doch viel häufiger in Aktion.

Das Räderwerk für den Stunden- und den Viertelstundenschlag und das für die vergoldeten Zeiger setzen sich natürlich nicht aus eigenem

Ordnung muß sein. Der Rathausturm ist in mehrere Ebenen aufgeteilt, die alle einen Namen haben. Uhrenboden, Glockenboden, Dachboden – und dort grüßt, 60 Meter über dem Rathausmarkt, der Michel aus der Nachbarschaft herüber.

Dachboden
60 m. über R.=M.
1,38 m

Der Uhrenboden ist gut ausgenutzt. In der Mitte der mit Gittern geschützte Schacht für die Gewichte, dahinter der kleine Glaskasten für das Zeigerwerk und daneben der große „Bahnwaggon" für das Schlagwerk.

Antrieb in Gang. Der kommt vielmehr aus einem Wandschrank im Flur der dritten Rathausetage, denn dort sitzt die elektrische Mutteruhr, die die Mechanik im Turm nahezu sekundengenau steuert. Allerdings nur, wenn Zeiger- und Schlagwerk aufgezogen sind. Das tüchtige Zeigerwerk erledigt das automatisch selbst, doch das behäbige Schlagwerk bleibt nach sieben Tagen stehen. Deshalb steigt ein Rathaustechniker jeden Dienstagmorgen um zehn, wenn sich der Senat weit unterhalb des Uhrenbodens zu seiner wöchentlichen Sitzung trifft, die 71 Stufen im Turm hinauf und setzt einen Motor in Gang. Der hüsert die 1240 Kilogramm der drei großen Gewichte 14 Meter hinauf, eines nach dem anderen, aber alles innerhalb einer Viertelstunde, damit der Schlag nicht durcheinander gerät. Dabei geht es laut zu auf dem Uhrenboden, denn Stufe um Stufe hakt krachend das Gesperr an den Zahnrädern ein und verhindert deren Zurückschnellen. Die Arbeit ist für den Techniker damit noch nicht getan. Denn die kleine Walze, die den elektrischen Impuls der Mutteruhr empfängt und ihn auf die große Mechanik überträgt, muß per Hand aufgezogen werden. 34mal die Kurbel drehen – dann hängt das etwa 200 Kilogramm schwere Gewicht wieder oben.

Und so zeigt die Rathausuhr den Hamburgern beim Blick auf ihre Regierungszentrale Woche für Woche, was die Stunde geschlagen hat. Das kann übrigens ganz wörtlich genommen werden: Die beiden Glocken, die einen Boden höher außen am Turm hängen, setzen mit ihren hellen und dunklen Schlägen regelmäßig eine Tageszäsur.

Zwar ist der Glockenboden über eine sich eng an der Turmwand entlang windende Treppe mit hohem Schutzgitter gut zu erreichen – die beiden Bronzeglocken aber bleiben vom Turminneren aus verborgen. Nur eine Holztür oben im Mauerwerk, über kräftige, in die Wand eingelassene Steigeisen zu erreichen, markiert ihren Platz: eine geschützte Nische mit Blick nach Westen.
Wer auch in alle anderen Himmelsrichtungen gucken will, muß noch einen Boden höher. Der Aufstieg verlangt nun Schwindelfreiheit: Die Wendeltreppe zur Turmgalerie, gut 85 Meter über dem Rathausmarkt, hat einen Durchmesser von nur zwei Metern, zwischen den Stufen schweift der Blick ungehindert nach unten, und auch der hohe, eiserne Seitenschutz verbirgt die zunehmende Höhe nicht.
Die vier Turmecken sind jetzt gut ausgenutzt: Kantige Stahlrohre streben kerzengerade nach oben, kühl anzusehen, aber mit alles anderem als taufrischem Inhalt. Durch die blau angestrichenen Kanäle wird die verbrauchte Rathausluft hinauf befördert und ins Freie geleitet. Der Blick von der Turmgalerie aus, eben oberhalb der Entlüftungsschlitze, wird davon nicht getrübt. Hinter hoher Kupferbrüstung und von der überspringenden Turmlaterne geschützt – bis in die Spitze dürfen nur die Rathaustechniker steigen – kann der Blick ungehindert umherschweifen. Und die Aussicht macht zunächst denn auch vor Bewunderung stumm.
Da liegt sie nun, die schöne Stadt: klar gegliedert in Straßennetze und Fleetsysteme, mit grün hingetupften Bäumen, die sich zu regelrechten Oasen verdichten, und mit unglaublich vielen Menschen, die emsig über den Rathausmarkt ziehen und in U-Bahn-Eingängen wie in ihren Bauten verschwinden.
Im Detail macht der Ausblick allerdings zunächst ein wenig ratlos. Erst ein paar Fixpunkte in allen Himmelsrichtungen sorgen schließlich für Orientierung. Da liegt der Hafen mit der funkelnden Elbe, dort schmal und schlank das Altonaer Krankenhaus, noch weiter in der Ferne das grüne Blankenese. Oder auf der anderen Seite trutzig das Planetarium im Stadtpark und der schwungvolle Bogen, der die Jumbohalle der Lufthansawerft markiert.
Und doch bleibt vieles offen. Gebäude, die von unten jeder kennt, sind von hier oben aus schwer zu identifizieren. Zu klein oder zu weit weg, zu nah dran oder in unbekannter Nachbarschaft – die Turmperspektive spielt einem so manchen Streich.
Ganz still ist es hier oben. Kein Straßenlärm und kein Vogelgeschrei. Ein friedliches Refugium für Spinnen, die es sich in den Nischen gemütlich gemacht haben. Vom Turmfalken, der, wie Rathausmitarbeiter versichern, hier schon gewohnt hat, keine Spur. Der Vogel soll allerdings inzwischen in Sichtweite umgezogen sein. Nun wird er im Turm von St. Petri vermutet.

Prächtige Ratsstube, Arbeitszimmer für nüchterne Entscheidungen

Wenn der Bürgermeister durch das Rathaus führt

PERSÖNLICHE ANSICHTEN

Gelegentlich kneift Hamburgs Bürgermeister Henning Voscherau seinem prallen Terminkalender einfach mal aus und spielt für seine Gäste selbst den „He Lücht".

Rathausführungen sind Sache der Ratsdiener. Mit kleinem Touristentrupp wandern sie durch die Festsäle und erklären Wandschmuck und Deckenmalereien. Den Anfang machen die kundigen Herren stets auf der Seite der Bürgerschaft, weil ja alle Macht vom Volke ausgeht. Es gibt aber Tage, an denen die Führung auf der Senatsseite beginnt – und schon wissen die Ratsdiener, daß Konkurrenz unterwegs ist.

Der Mann, der dann durch die Festsäle führt, hat eigentlich anderes zu tun. Gelegentlich aber kneift Hamburgs Bürgermeister Henning Voscherau seinem prallen Terminkalender einfach mal aus und spielt für seine Gäste selbst den „He Lücht".

Sein ganz persönlicher Rathausrundgang beginnt stets dort, wo sich Voscheraus Meinung nach am deutlichsten zeigt, wie sich das Verhältnis zwischen dem Volk und seinen Politikern in den vergangenen 100 Jahren geändert hat: auf einem Absatz im Senatstreppenhaus hinter der schmiedeeisernen Tür, die auf der Rathausdiele von zwei Löwen bewacht wird. Treppauf geht es von dort in die Festsäle – und treppab ins Gerümpel.

Der Eingang in das „Allerheiligste" des Senats wird von der Gnade und der Gerechtigkeit flankiert. Die beiden Figuren erinnern daran, daß der Senat bis 1860 auch die höchste Gerichtsbarkeit ausübte.

Im Bürgermeisterflur hängt eine kleine Baukunde des Rathauses, einem Triptychon ähnlich. Dort erklärt Bürgermeister Henning Voscherau, wie sich Flure und Säle verändert haben.

Doch dort, wo heute Schränke und Stühle zwischengelagert werden, fuhren zu Gründerzeiten die Kutschen der Bürgermeister und Senatoren vor. Trockenen Fußes und vom Volk unbehelligt gelangten die Herren vom Torbogen am Alten Wall aus ins Rathaus. Vis-à-vis an der Großen Johannisstraße entstiegen damals ebenso exklusiv die Bürgerschaftspräsidenten ihren Wagen.
Das aber paßt längst nicht mehr in die Zeit. Beide Eingänge sind heute fest verschlossen, und die Präsidenten und Bürgermeister eilen zwischen den 16 Sandsteinsäulen über die Rathausdiele in ihre Büros, öffentlich sozusagen, auf einer Ebene mit dem Volk. Völlig in Ordnung, diese Art der Gleichstellung, pflegt der Bürgermeister hier anzumerken.
Der Start auf dem Absatz im Senatstreppenhaus aber hat noch einen anderen Grund. Der Regierungschef lädt hier gern betuchte Besucher zu üppigen Spenden ein und verweist auch gleich auf deren Lohn: In die Marmorwände sind die Namen von Hamburger Mäzenen eingraviert, was dem Treppenabsatz auch zu dem klangvollen Namen „Stifterhalle" verholfen hat.
Treppenabsätze übrigens spielen auf dieser Seite des Rathauses eine wichtige Rolle. Deshalb bleibt der Bürgermeister auch wieder stehen, wenn er am Ende des roten Läufers oben vor dem Eingang zum Senatsgehege angekommen ist.
Das ist eine wichtige Protokollstation. Hier oben nämlich und nicht etwa unten am Rathauseingang empfängt der Hamburger Regierungschef seine Gäste. Der Grund, den Voscherau dafür parat hat, ist so recht nach seinem Taktiker-Geschmack: Nur so konnten seine

Im Senatstreppenhaus, dem Aufgang zur Ratsstube und zu den Festsälen, zeigt der Bürgermeister Pomp und Prunk der Rathausbauzeit, aber auch, wieviel Handwerkskunst in dem Bauwerk steckt.

Der Sessel, von dem aus der Regierungschef die Senatsgeschäfte leitet, hat eine hohe Lehne mit dem von zwei Löwen getragenen Staatswappen im Rücken.

Rechte Seite: Der Baldachin und der Wandteppich mit dem prächtigen Staatswappen heben den Platz der Ersten Bürgermeister in der Ratsstube hervor. Doch heute sind die Senatschefs Erste unter Gleichen.

historischen Amtsvorgänger vermeiden, etwa noch zum Steigbügelhalter eines Gastes zu werden, der einst zu Pferde vorm Rathaus eintraf. Diese Anekdote bezieht sich auf häufige Besuche dänischer Könige, die bis 1768 staatsrechtlich Anspruch auf Hamburg erhoben, von der Stadt aber nicht anerkannt wurden.

Zwischen den Figuren der Gnade und der Gerechtigkeit hindurch, die an die Zeit erinnern, als der Senat noch die höchste richterliche Gewalt ausübte, spaziert der Bürgermeister dann in die Ratsstube, die den Mittelpunkt im Flügel am Alten Wall bildet. Jeden Dienstag trifft sich der Senat an den lederbespannten und hufeisenförmig aufgestellten Eichentischen. Vorbei an den Regalen mit Sammlungen historischer Senatsprotokolle strebt Voscherau zielsicher seinem Sessel zu, oben am Kopf des Raumes und mit auffallend hoher Lehne.

Die Konstruktion des Möbels empfindet der Bürgermeister als durchaus praktisch. So könne er schon durch seine Körperhaltung demonstrieren, was er von dem einen oder anderen Thema hält, berichtet er, rutscht denn auch gleich ein wenig tiefer und läßt den Blick vorbei an

Rechte Seite:
Im Phönixsaal erinnert vieles an den Großen Brand von 1842, aus dem Hamburg wie Phönix aus der Asche auferstanden ist.

Das Waisenzimmer ist liebevoll mit Schnitzereien von Waisenkindern ausgestattet.

den holzgetäfelten und mit Büffelleder bespannten Wänden zum Oberlicht schweifen.

Die so zur Schau gestellte Langeweile wird, das ist den Besuchern sogleich klar, den vortragenden Senator umgehend verstummen lassen. Und den Bürgermeister amüsiert sichtlich schon der Gedanke daran. Gut gelaunt steuert er denn auch einen Raum an, in dem er auf derlei Disziplinierungsmaßnahmen allerdings verzichten kann: das Bürgermeister-Amtszimmer, das hinter der Rathausfassade vom Alten Wall aus den Reigen der Repräsentationssäle beginnt.

Der fast quadratische Raum mit dem kleinen Erker steht ganz oben auf der Rathaus-Hitliste des Bürgermeisters. Denn hier muß er mal nicht am Schreibtisch hocken und trockene Aktenberge durchwühlen. Derlei profane Dinge werden eine Etage tiefer erledigt.

Vor dem grün-grauen Marmorkamin mit der Büste von Bürgermeister Carl Friedrich Petersen, der sich um den Rathausbau verdient gemacht hat, kommt der Bürgermeister vielmehr seinen gesellschaftlichen Pflichten nach. Hier werden Gäste begrüßt, Konsuln die Beglaubigung überreicht oder in die Ferne verabschiedet und kleine Sektempfänge gegeben.

Amtshandlungen, die in diesem Empfangssalon möglich wurden, weil sich Senat und Bürgerschaft nach dem Großen Brand von 1842 entschlossen, ein neues Rathaus zu bauen. Doch die Katastrophe wurde nicht verdrängt. Im benachbarten Phönixsaal zitiert der Bürgermeister

Der Bürgermeistersaal wird von Hugo Vogels Gemälde, das den Senat zur Zeit der Rathauseinweihung in historischem Ornat zeigt, beherrscht.

Der Bürgermeister unter seinesgleichen. Doch die Selbstdarstellung seiner historischen Amtsvorgänger ist ihm zu prachtvoll geraten. Ein Personenkult, der heute nicht mehr möglich sei.

aus der Schauspielerfamilie denn auch gleich bühnenreif die damals entscheidende Losung: „Das Alte stürzt, es ändert sich die Zeit, und neues Leben blüht aus den Ruinen."

Falls Voscherau mal steckenbleibt, braucht er nur an die Wand mit dem dominierenden Gemälde in dem Raum zu gucken. Unter der Hammonia, die wie einst Phönix aus der Asche steigend über die Trümmer des Großen Brandes spaziert, ist die Textvorlage ins Holz eingelegt. Den Weg der Hammonia, die vom Feuer verwüsteten Stadtteile, führt der Bürgermeister sogleich an der gegenüberliegenden Wand vor: In einem Medaillon über einer Banklehne ist das ursprüngliche Hamburger Stadtgebiet als Intarsie eingearbeitet – und roter Lack markiert die ausgebrannten Quartiere.

So, als wolle er Zerstörung und Tod schnell hinter sich lassen, durchquert der Bürgermeister das angrenzende Waisenzimmer, in dem 80 verwaiste Jungen und Mädchen Wände und Türen mit kunstvollen Schnitzereien versehen haben. Der daran angrenzende Bürgermeistersaal ist es, dem Voscherau zustrebt.

Hier ist er unter seinesgleichen, doch ganz geheuer ist ihm dabei nicht. Das nahezu drei mal fünf Meter große Gemälde an der Wand, das den gesamten Senat zur Rathauseinweihung in seiner Amtstracht zeigt, und die Marmorbüsten von sechs Bürgermeistern aus den Entstehungsjahren dieses Rathauses – das empfindet Voscherau denn doch als zu gnadenlose Selbstdarstellung.

Er stellt sich lieber nur mal kurz im angrenzenden Turmsaal in Positur – und das nicht ohne Grund: In dem hellen Rund mit den allegorischen Gemälden der vier Stadtrepubliken Athen, Rom, Venedig und Amsterdam schüttelt der Bürgermeister zu jedem Jahresbeginn die Hände der Hamburger. Sein erster Neujahrsempfang, so erinnert er sich, führte zum Ringwechsel: Der Trauring, zunächst an der rechten

DISCORDIA·MAXIMÆ
DILABUNTUR

Hand, wanderte auf die linke. Auf daß der Bürgermeister wieder fest zupacken konnte.

Das, so scheint Voscherau dabei einzufallen, sollte überhaupt jedem Regierungschef gegeben sein. Und wie zur Erklärung zitiert er den Spruch, der in lateinischer Sprache über einem der kunstvoll geschmiedeten Portale prangt: Durch Einigkeit wachsen die kleinen Dinge, durch Zwietracht werden die großen zerstört.

Ein Motto, das auch schon die historischen Amtsvorgänger stets vor Augen hatten, die eine Tür im Kaisersaal weiter wieder gegenwärtig sind. Jeder für sich in Öl auf Leinwand gemalt und alle in der traditionellen Amtstracht mit spanischer Halskrause, die sie bis 1918 trugen. Dabei gebührt die Ehre hier eigentlich Kaiser Wilhelm II., der am 19. Juni 1895 die Stadtoberen ins Schwitzen brachte.

Er wollte ausgerechnet im Rathaus die Einweihung des Nord-Ostsee-Kanals feiern. Zum Glück war der Kaisersaal da schon als einziger fertig. Die übrigen Räume waren eine einzige Baustelle, die malerisch mit Tüchern drapiert wurde. Eine Bronzetafel über einer Tür erinnert

Der Turmsaal an der Schnittstelle zwischen Senat und Bürgerschaft ist mit weißem Marmor verkleidet und mit großen Wandbildern geschmückt.

Linke Seite: Über dem Lampenkranz wölbt sich leicht die Kuppel des Turmsaales mit ihren Malereien.

Die Ausstattung des Kaisersaals wird von Leder, Stuck und rotem Marmor beherrscht. Die prächtigen Kronleuchter an der reich bemalten Decke tauchen den Raum in warmes Licht.

an das festliche Ereignis ebenso wie die gesamte Ausgestaltung des Raumes, die sich auf die Seefahrt bezieht.
Ein Kaiser ist auch zugegen, allerdings nicht derjenige, nach dem der Raum benannt ist, sondern sein Großvater, Wilhelm I. Er steht als Marmorbüste zwischen den großen Fenstern zum Rathausmarkt und wird von Bismarck und dem preußischen Generalfeldmarschall Helmuth Graf von Moltke begleitet, beide ebenfalls aus dem edlen Stein geschaffen. Die Büsten hätten die ersten Nachkriegsjahre im Rathaus allerdings beinahe nicht überstanden, erinnert sich Voscherau.
Da trafen sich nämlich die 83 SPD-Abgeordneten, die nach der Bürgerschaftswahl 1946 ins Rathaus einzogen, zu ihrer Fraktionssitzung – und nahmen an den Herren prompt Anstoß. Doch der weise Bürgerschaftspräsident Adolph Schönfelder stoppte die umgehend verlangte Abräumaktion gelassen. Unseren Vätern, so zitiert der Bürgermeister fließend Schönfelder, war vor den Herren nicht bange, als sie lebten; da werden wir vor den Toten doch nicht Schiß in der Büx haben. Daß die Sozialdemokraten diesen Saal damals für eine Fraktionssit-

Ein Türmedaillon.

Im Bürgersaal zieht das Binnenhafen-Gemälde von Valentin Ruths die Blicke an.

Im Vorraum der Bürgerschaft erinnert das Gemälde von Carl Rodeck mit dem Gebäude der Patriotischen Gesellschaft an den Tagungsort der Bürgerschaft von 1859 bis 1897.

zung nutzten, ist ungewöhnlich. Es war eine Platzfrage: Für die 83 Abgeordneten war der Kaisersaal gerade groß genug. Eigentlich aber hat das Parlament im Reigen der Repräsentationsräume an der Rathausvorderfront mit dem angrenzenden Bürgersaal ihre eigenen kunstvoll getäfelten vier Wände, die mit den Medaillons früherer Bürgerschaftspräsidenten geschmückt sind. Voscherau hält bei seinem Rundgang die Gewaltenteilung denn auch ein, streift auch nur kurz den Plenarsaal, der an der Rathausseite zur Großen Johannisstraße hin liegt, und dreht gleich ab in den Großen Festsaal.

46 Meter lang liegt dieser prächtige Raum hinter den kleineren Repräsentationssälen zum Innenhof des Rathauses hin und umspannt in seiner Länge die gesamte Flucht vom Waisenzimmer bis zum Bürgersaal. Die Estrade am Kopfende des Großen Festssaales hat es dem Bürgermeister besonders angetan. Hier, träumt er vor sich hin, würde er auch gern mal die Gerichtsbarkeit ausüben und den Hammer bei

der Urteilsverkündung niedersausen lassen, ganz wie seine Vorgänger bis zur Mitte des vorigen Jahrhunderts.
Wen genau er bestrafen möchte, läßt Voscherau offen. Dafür aber nicht, wohin die politischen Ideen der Grünen führen. Zur Erklärung bedient er sich der Wandgemälde, die zwischen 1903 und 1909 von Hugo Vogel gemalt wurden. Vom menschenleeren Urstromtal der Elbe bis zur prosperierenden Hafenstadt ist Hamburgs Entwicklung dargestellt. Doch was die grüne Politik für Folgen hat – da weist

Der Plenarsaal der Bürgerschaft ist vom Fußboden bis zur Decke mit gleichmäßig getöntem Eichenholz getäfelt. Die bunten Wandmalereien sind weiß überstrichen.

Das zentrale Bild von Hugo Vogel im Großen Festsaal zeigt die Christianisierung der Niedersachsen unter Karl dem Großen. Doch der Bischof segnet ins Leere. Der dort einst kniende Jüngling mußte übermalt werden, weil sich die Rathausbauherren an der gebeugten Haltung störten.

Hugo Vogel

Linke Seite:
Die Senatsestrade im Großen Festsaal hat heute nur noch dekorativen Charakter.

Begegnung zweier Bürgermeister: Henning Voscherau an der Büste von Herbert Weichmann.

Voscherau, nicht ganz ernst gemeint, mit weit ausholender Geste auf die Urlandschaft.

Und dann ist da noch die Tapete mit dem Hamburger Wappen, die in mehreren Rathaussälen die Wände ziert. Sie, so bemerkt der Bürgermeister ironisch, sei womöglich die Quelle eines Vorwurfs, mit dem sich seine Partei immer wieder auseinandersetzen muß. Die mit Öl getränkte und geprägte Wandbespannung ist aus Filz – und das könnte nach fast 40 Jahren ununterbrochener Rathausregierung ja durchaus abgefärbt haben.

Die Bronzestatue von Kaiser Wilhelm beherrscht 1903 den Rathausmarkt

Von guten und von schlechten Zeiten

DIE RATHAUSCHRONIK

Am 6. Mai 1886 beginnt das neue Rathaus Wirklichkeit zu werden. Selbst von den Dächern der benachbarten Häuser schauen die Hamburger der Grundsteinlegung zu. Nach elfjähriger Bauzeit wird das Rathaus am 26. Oktober 1897 eingeweiht.

1895 bis 1904

19. Juni 1895: Die Geschichte des Rathauses beginnt, bevor das Gebäude offiziell eingeweiht wurde. Kaiser Wilhelm II., die deutschen Reichsfürsten und der Senat feiern an diesem Tag im provisorisch fertiggestellten Kaisersaal die bevorstehende Einweihung des Nord-Ostsee-Kanals.

November 1896: Der Hygieia-Brunnen im Rathaushof ist fertig. Er erinnert an die Cholera-Epidemie von 1892 mit 8605 Toten.

Der Sozialdemokrat Otto Stolten

22. Oktober 1897: Der ehemalige Reichskanzler Otto von Bismarck trägt sich als erster in das Goldene Buch ein, das von der Familie des Bürgermeisters Carl Petersen gestiftet wurde. Die Eintragung wurde vom Enkel des Bürgermeisters, Rudolf Petersen, vermittelt, der knapp 50 Jahre später selbst Bürgermeister wird.

26. Oktober 1897: Nach elfjähriger Bauzeit wird das neue Rathaus eingeweiht. Es wurde von sieben „Rathausbaumeistern", den Hamburger Architekten Johannes Grotjan, Bernhard Hanssen, Wilhelm Hauers, Emil Meerwein, Hugo Stammann und Gustav Zinnow unter Federführung von Martin Haller entworfen und gebaut. Die Wandgemälde im Großen Festsaal allerdings sind noch nicht einmal begonnen worden.

3. November 1897: Die Bürgerschaft tagt erstmals im neuen Rathaus. Vorher war sie im Haus der Patriotischen Gesellschaft zusammengekommen.

11. Januar 1899: Stenografen führen erstmals ein Wortprotokoll über die Sitzung der Bürgerschaft.

Frühjahr 1899: Auf der Weltausstellung in Paris wird ein Modell des Rathauses gezeigt. Das Bauwerk wird mit einer Goldmedaille ausgezeichnet.

Rathausbaumeister Martin Haller

1. November 1899: Die Bürgerschaft berät über Maßnahmen gegen die Luftverunreinigung. Künftig sollen die Heizer besser ausgebildet werden.

1. Januar 1900: Senator Johann Heinrich Burchard übernimmt den Vorsitz der Rathausbau-Kommission.

1. Dezember 1900: Eine Volkszählung ergibt, daß Hamburg 705738 Einwohner hat.

1. Januar 1901: Zum ersten Mal gibt Bürgermeister Gerhard Hachmann am Neujahrstag im Rathaus einen Empfang.

Anfang 1901: Hugo Vogel erhält den Auftrag, die Wandgemälde im Großen Festsaal zu gestalten.

15. Februar 1901: Otto Stolten zieht als erster Sozialdemokrat in die Bürgerschaft ein. Der Schlosser und Maschinenbauer erreicht in Hammerbrook 184 Stimmen und blieb bis 1927 Abgeordneter. Von 1919 bis 1925 war er Zweiter Bürgermeister.

16. Juni 1903: Bei der Reichstagswahl verteidigt die SPD die drei Hamburger Wahlkreise. August Bebel, Heinrich Dietz und Wilhelm Metzger bleiben weiter Abgeordnete.
20. Juni 1903: Auf dem Rathausmarkt wird das Kaiser-Wilhelm-Denkmal eingeweiht. Die bronzene Reiterstatue stammt von Johannes Schilling.
13. Februar 1904: Bei der („halbschichtigen") Bürgerschaftswahl werden 12 weitere Sozialdemokraten gewählt.
1. Juni 1904: Die Regierungszentrale bekommt Konkurrenz: Bei St. Annen im Hafen wird das Verwaltungsgebäude der Hafen- und Lagerhausgesellschaft eingeweiht – im Volksmund das „Rathaus der Speicherstadt".

1905 bis 1914

Der Rathausmarkt 1905

April 1905: Der Senat schreibt einen Architektenwettbewerb für die Anlage eines Stadtparks aus. Obwohl 66 Vorschläge eingehen, wird später Oberbaudirektor Fritz Schumacher beauftragt, eine Konzeption zu entwerfen.
10. Mai 1905: Der konservative Senat beschließt die Einführung des Klassenwahlrechts, mit dem das Wahlrecht für Kleinverdiener weiter beschränkt wird, und ruft damit heftige Proteste hervor.
17. Januar 1906: Aus Protest gegen die Beratung der Wahlrechtsverschlechterung zuungunsten der Sozialdemokraten in der Bürgerschaft ruft die SPD zu Arbeitsniederlegungen und Demonstrationen auf: der erste politische Generalstreik in Deutschland. Auf dem Rathausmarkt wird demonstriert. Im Schopenstehl kommt es zu Krawallen und Plünderungen. Mehrere Demonstranten werden von der Polizei getötet.
1. Februar 1907: Nach der Bürgerschaftswahl, bei der die Hälfte der Abgeordneten neu gewählt wurde, stellt die SPD 19 statt 13 Abgeordnete. Die aus Protest gegen die Wahlrechtsmanipulation neugegründeten Vereinigten Liberalen unter Führung von Carl Petersen und Carl Braband erhalten auf Anhieb 23 Sitze (von 160).
2. Oktober 1907: Die Bürgerschaft bewilligt einen Bauplatz an der Moorweide für das neu zu errichtende Vorlesungsgebäude, das spätere Hauptgebäude der Universität.
11. Dezember 1907: Die „Sammlung hamburgischer Altertümer" wird durch Beschluß von Senat und Bürgerschaft in „Museum für Hamburgische Geschichte" umbenannt. Direktor wird Otto Lauffer.
27. November 1908: Auf Beschluß des Senats erhält der Straßendurchbruch zwischen Rathaus und Hauptbahnhof den Namen „Mönckebergstraße", nach dem am 27. März 1908 gestorbenen Bürgermeister Johann Georg Mönckeberg.

Die Mönckebergstraße 1910 und im gleichen Jahr Rathausmarkt und Straßenbahn

17. September 1909: Der Senat lehnt ohne Begründung den Antrag des Verlegers Julius Campe ab, für ein Heinrich-Heine-Denkmal einen öffentlichen Platz zur Verfügung zu stellen.

13. Juni 1909: Nachdem Hugo Vogel seine Gemälde im Großen Festsaal des Rathauses fertiggestellt hat, ist das Rathaus vollendet. Die Baukosten betragen 11 Millionen Goldmark.

26. Oktober 1909: Die Mönckebergstraße wird dem Verkehr übergeben.

18. März 1910: Zum ersten Male fährt die Straßenbahn durch die Mönckebergstraße.

1. Dezember 1910: Nach einer Volkszählung hat die Einwohnerzahl Hamburgs die Millionengrenze mit 1014664 Einwohnern überschritten.

12. Januar 1912: Bei den Reichstagswahlen erhält die SPD in Hamburg 61,2 Prozent der Stimmen und stellt erneut – wie seit 1890 – alle drei Abgeordneten.

April 1912: Die Bürgerschaft beschließt auf Veranlassung von Oberbaudirektor Fritz Schumacher das Baupflegegesetz.

6. September 1912: Bürgermeister Johann Heinrich Burchard, letzter Vorsitzender der Rathausbau-Kommission und Freund Kaiser Wilhelm II., stirbt.

9. Oktober 1912: Die Bürgerschaft beschließt den Anschluß der bisherigen Landgemeinden Groß Borstel, Alsterdorf, Ohlsdorf, Fuhlsbüttel, Klein Borstel sowie von Teilen von Billwerder und Niederborstel an die Stadt Hamburg.

15. Juli 1913: Durch einen neuen Konzessionsvertrag für die Hamburgischen Electricitätswerke sichert sich der Hamburger Staat mittels einer Kapitalerhöhung eine Beteiligung von 50 Prozent.

Oktober 1913: Die Errichtung einer Universität wird von der Bürgerschaft abgelehnt.

Promenadenkonzert 1914 auf dem Rathausmarkt

20. Juni 1914: Kaiser Wilhelm II. macht einen viertägigen Besuch in Hamburg und wohnt dem Stapellauf des 55551 BRT großen Hapag-Dampfers „Bismarck“ bei.

6. August 1914: In der ersten Sitzung der Bürgerschaft nach dem Kriegsausbruch betont der SPD-Fraktionsvorsitzende Otto Stolten, auch in Hamburg wolle man während des Krieges den „Burgfrieden“ wahren. Alle Kriegsvorlagen passieren die Bürgerschaft ohne Diskussion.

1915 bis 1924

7. Februar 1915: Als ersten Sozialdemokraten wählt die Bürgerschaft Emil Krause in die Leitung (Deputation) einer Hamburger Behörde.

Februar 1915: Der Senat bildet eine Kommission für die Kriegsversorgung. Die Lebensmittel werden rationiert.

25. März 1915: Georg Blume wird als erster Sozialdemokrat in den Vorstand der Bürgerschaft gewählt.
26. November 1915: Die Bürgerschaft verweigert der Forderung der SPD-Fraktion, energisch gegen die Teuerung vorzugehen, die Zustimmung.
19. August 1916: Erstmals wird in Hamburg öffentlich auf einer Friedensdemonstration Protest gegen den Krieg laut.
11. Juli 1917: Die seit 1906 geltende Wahlrechtsverschlechterung wird aufgehoben.
Ende Januar 1918: 30000 Arbeiter streiken für Frieden und Freiheit.
27. September 1918: Die Bürgerschaft wählt Carl Petersen, den Führer der Vereinigten Liberalen, in den Senat.
5. November 1918: Die Novemberrevolution greift von Kiel auf Hamburg über, es gibt Unruhen auf dem Rathausmarkt. Ein Arbeiter- und Soldatenrat übernimmt am 6. November die Macht. Am 12. November besetzen Arbeiter und Soldaten das Rathaus und setzen Senat und Bürgerschaft ab. Vom Rathaus weht die rote Fahne.
18. November 1918: Der Arbeiter- und Soldatenrat überträgt dem Senat und der Bürgerschaft wieder ihre früheren Aufgaben.
16. März 1919: Bei der ersten demokratischen Bürgerschaftswahl gilt das gleiche, allgemeine, geheime und direkte Wahlrecht für Männer und Frauen nach dem Verhältniswahlsystem. Die SPD erzielt 50,5 Prozent der Stimmen, die DDP (Linksliberale) 20,5 Prozent, die USPD 8,1 Prozent und die DVP (Rechtsliberale) 8,6 Prozent, Deutschnationale 2,9 Prozent der Stimmen. Zehn Prozent der Abgeordneten sind Frauen.
24. März 1919: Helene Lange (DDP) eröffnet als Alterspräsidentin die erste Sitzung der demokratischen Bürgerschaft. Der Sozialdemokrat Berthold Grosse wird zum Präsidenten der Bürgerschaft gewählt.
26. März 1919: Die Bürgerschaft verabschiedet eine vorläufige Verfassung. Der Arbeiter- und Soldatenrat „legt seine Macht in die Hände der Bürgerschaft zurück“. Die rote Fahne wird vom Rathaus eingeholt.
28. März 1919: Die Bürgerschaft wählt einen neuen Senat. Die SPD verzichtet trotz ihrer absoluten Mehrheit darauf, den Senat allein zu bilden. Sie überläßt die Hälfte der Senatssitze der DDP und bürgerlichen Senatoren des bisherigen Senats. Werner von Melle bleibt Erster Bürgermeister. Der SPD-Politiker Otto Stolten wird Zweiter Bürgermeister.
31. März 1919: Die Bürgerschaft beschließt die Gründung von Universität und Volkshochschule.
23. bis 25. Juni 1919: „Sülze-Unruhen“ wegen verdorbener Lebensmittel. Auf das Rathaus wird geschossen, es gibt mehr als 20 Tote. Der Senat ruft die Reichswehr zu Hilfe.
13. März 1920: Kapp-Putsch. Auch in Hamburg kommt es zum Generalstreik. Die Bürgerschaft tritt zu einer Sondersitzung zusammen

Geschützwache vor dem Rathaus 1918

Bürgerschaftssitzung 1919

Helene Lange

Krawalle vor dem Rathaus 1919

Plakat zur November-Revolution

und bekräftigt gemeinsam mit dem Senat die Treue zur Reichsverfassung. Auf Befehl des Garnisonsältesten Oberst von Wangenheim, der den Putsch unterstützt, besetzen Bahrenfelder Zeitfreiwillige in der Nacht das Rathaus, rücken aber nach anderthalb Stunden wieder ab. Der Reichspräsident enthebt von Wangenheim des Kommandos.

29. Dezember 1920: Die Hamburger Bürgerschaft billigt die neue Verfassung, die am 7. Januar 1921 in Kraft tritt.

20. Februar 1921: Bei der Bürgerschaftswahl bleibt die SPD mit 40,6 Prozent der Stimmen stärkste Partei. Die DDP erhält 14,1 Prozent, die DVP 13,9, die Deutschnationalen 11,3, die USPD 1,2 Prozent der Stimmen. Die KPD zieht bei 11 Prozent mit 17 Abgeordneten, darunter Ernst Thälmann, zum erstenmal in die Bürgerschaft ein. Rudolf Roß (SPD) wird Bürgerschaftspräsident.

22. September 1921: Der Senat fordert in einer Denkschrift Schritte in Richtung Groß-Hamburg.

8. Februar 1922: Der Senat beantragt bei der Bürgerschaft die Zustimmung zur Gründung der Staatlichen Pressestelle, der ersten Pressestelle eines deutschen Landes. Leiter wird Alexander Zinn.

17. März 1922: Die Bürgerschaft fordert den Senat auf, die Bordelle zu schließen.

23. Oktober 1923: Beginn des kommunistischen „Hamburger Aufstands". Erstürmung von 17 Polizeiwachen durch bewaffnete Anhänger der KPD.

9. Januar 1924: Als Nachfolger des verstorbenen Arnold F. G. Diestel wird Carl Petersen, Vorsitzender der linksliberalen DDP, zum Ersten Bürgermeister gewählt (bis 1933).

Januar 1924: Bürgerschaftspräsident Rudolf Roß lädt zum ersten „Parlamentarischen Abend" in das Rathaus und begründet damit eine bis heute andauernde Tradition.

9. Februar 1924: Das Rathaus wird unter Denkmalschutz gestellt und erhält in der Denkmalliste die Nummer 40.

17. Mai 1924: Im Altonaer Rathaus wird Max Brauer (SPD) zum Oberbürgermeister von Altona gewählt.

26. Oktober 1924: Bei der Bürgerschaftswahl verlieren die SPD und die DDP ihre bisherige Mehrheit. Die rechtsliberale DVP tritt in die Koalition ein. Carl Petersen bleibt Erster Bürgermeister. Max Schramm (DVP) wird Zweiter Bürgermeister.

1925 bis 1934

1. Januar 1925: Im Harburger Rathaus tritt Walter Dudek (SPD) das Amt als Oberbürgermeister von Harburg an.

16. Mai 1925: Hamburg hat 1152523 Einwohner.

1. Januar 1926: Auf Einladung von Bürgermeister Carl Petersen können erstmals alle Hamburger am Neujahrsempfang im Rathaus teilnehmen. Vorher waren nur die Honoratioren geladen.
12. August 1926: Das Heinrich-Heine-Denkmal des Bildhauers Hugo Lederer wird im Stadtpark aufgestellt. Nach der Zerstörung durch die Nationalsozialisten steht heute eine Nachschöpfung auf dem Rathausmarkt.
8. Januar 1927: Die Finanzdeputation (heutige Finanzbehörde) verläßt das Rathaus und zieht in den Schumacher-Bau am Gänsemarkt ein.
9. Oktober 1927: Bei der Bürgerschaftswahl erhält die SPD 38,2 Prozent der Stimmen. Zweitstärkste Partei wird die KPD mit 17 Prozent. Die DNVP kommt auf 15,2 Prozent, die DVP auf 11,2 Prozent, die DDP erreicht 10,1 Prozent und die Wirtschaftspartei 4,2 Prozent der Stimmen.
26. Oktober 1927: Die nach der Bürgerschaftswahl begonnenen Gespräche über eine parlamentarische Zusammenarbeit von SPD und KPD scheitern. Die sozialliberale große Koalition aus SPD, DVP und DDP wird fortgesetzt.
19. Februar 1928: Erneute Bürgerschaftswahl, nachdem der Staatsgerichtshof des Reiches die Wahl von 1927 für ungültig erklärt hat. Die sozialliberale große Koalition wird bestätigt. Zum erstenmal rücken drei Nationalsozialisten in die Bürgerschaft ein. Max Leuteritz (SPD) wird Bürgerschaftspräsident. Als zweitstärkste Fraktion stellt die KPD mit Gustav Gundelach erstmals einen Vizepräsidenten, der bei einer Neuwahl des Vorstandes einen Monat später wieder abgewählt wird. Rudolf Roß (SPD) wird Zweiter Bürgermeister.
5. Dezember 1928: Ein Abkommen über eine hamburgisch-preußische Hafengemeinschaft und eine gemeinsame Landesplanung wird unterzeichnet.
1. Januar 1930: Mit Rudolf Roß wird zum erstenmal ein Sozialdemokrat Erster Bürgermeister (bis 1931).
1930: Der Rathausmarkt wird umgestaltet. Das Standbild Kaiser Wilhelms I. kommt in die Grünanlagen am Sievekingplatz.
12. August 1930: Der Literaturhistoriker Friedrich Gundolf erhält im Rathaus als erster Träger den im Jahre 1929 gestifteten Lessing-Preis.
3. November 1930: Der Senat warnt die Staatsbediensteten vor einer Tätigkeit für NSDAP oder KPD.
15. März 1931: Der KPD-Bürgerschaftsabgeordnete Ernst Henning wird von Nationalsozialisten erschossen.
2. August 1931: Das Kriegerdenkmal mit der trauernden Mutter von Ernst Barlach an der Treppe zur Kleinen Alster ist fertiggestellt.
27. September 1931: Nach der Bürgerschaftswahl verfügt die Senatskoalition aus SPD, DDP (Umbenennung in Deutsche Staatspartei/DStP) und DVP nur noch über 69 der 160 Bürgerschaftssitze. Die NSDAP

wird zweitstärkste Fraktion. Herbert Ruscheweyh (SPD) wird Bürgerschaftspräsident. Der Nationalsozialist Holzmann wird Erster Vizepräsident.

3. Oktober 1931: Der Senat erklärt seinen Rücktritt und führt gemäß der Verfassung die Geschäfte als Minderheitssenat fort.

2. Dezember 1931: Wegen endloser Debattenreden von Abgeordneten der KPD und der NSDAP dauert die Bürgerschaftssitzung bis 6.56 Uhr in der Frühe. Um 6.30 Uhr werden die Stenografen wegen völliger Erschöpfung nach Hause geschickt.

1. Januar 1932: Carl Petersen (DDP/DStP) wird wieder Erster Bürgermeister.

24. März 1932: Die Bürgerschaft beschließt ihre Selbstauflösung, da die Mehrheitsverhältnisse eine Neubildung des Senats unmöglich machen.

24. April 1932: Bei der Bürgerschaftswahl wird die NSDAP mit 31,2 Prozent der Stimmen stärkste Fraktion (SPD 30,2 Prozent, KPD 16, DDP/DStP 11,3, Deutschnationale 4,3 und DVP 3,2 Prozent der Stimmen). Herbert Ruscheweyh wird als Vertreter der zweitstärksten Fraktion als Bürgerschaftspräsident wiedergewählt. Die Mehrheit für den weiter amtierenden Senat bleibt verloren. Die DDP/DStP verweigert die Beteiligung an einer Rechtsregierung unter Einschluß der NSDAP (zuletzt am 14. Februar 1933).

31. Dezember 1932: 164395 Hamburgerinnen und Hamburger suchen Arbeit.

3. März 1933: Die SPD-Senatoren treten wegen der Forderung der Reichsregierung, das „Hamburger Echo" zu verbieten, aus dem Senat aus. Bürgermeister Carl Petersen folgt ihnen am 4. März. Er stirbt am 7. November.

5. März 1933: Am Abend der Reichstagswahl dringen Nationalsozialisten ins Rathaus ein und setzen die Übertragung der obersten Polizeigewalt auf einen SA-Führer durch. 38,8 Prozent der Hamburger wählen die NSDAP. Vom Rathaus weht die Hakenkreuzfahne.

Bürgerschaftssitzung 1933

6. März 1933: Der Polizeiherr Senator Paul de Chapeaurouge (DVP) tritt zurück.

8. März 1933: Die Bürgerschaft wählt einen neuen Senat, der zur Hälfte von der NSDAP gestellt wird. „Regierender" Bürgermeister wird Carl Vincent Krogmann.

19. April 1933: Auf Beschluß des Senats wird Hitler zum Ehrenbürger ernannt. Der Rathausmarkt wird einen Tag später in „Adolf-Hitler-Platz" umbenannt.

10. Mai 1933: Erste Sitzung – mit uniformiertem „Saal-Schutz" im Plenarsaal – der nach dem Reichstagswahlergebnis ohne Kommunisten zusammengesetzten Bürgerschaft. C.C.Fritz Meyer (NSDAP) wird zum Bürgerschaftspräsidenten gewählt.

16. Mai 1933: Der NSDAP-Gauleiter Karl Kaufmann wird zum Reichsstatthalter für Hamburg ernannt.
14. Oktober 1933: Die Bürgerschaft wird aufgelöst.
17. August 1934: Adolf Hitler spricht im Großen Festsaal des Rathauses.

1935 bis 1944

1. Januar 1935: 42170 Hamburger und 4316 Hamburgerinnen sind Mitglied der NSDAP.
30. Juli 1936: Gauleiter Karl Kaufmann wird die Führung der Hamburger Landesregierung übertragen. Die Mitglieder des Senats sind an seine Weisungen gebunden. Bürgermeister Carl Krogmann bleibt Leiter der kommunalen Verwaltung.
26. Januar 1937: Das „Groß-Hamburg-Gesetz" wird beschlossen.
1. April 1937: Das „Groß-Hamburg-Gesetz" tritt in Kraft. Hamburg vergrößert sich um die vorher preußischen Städte Altona, Harburg und Wandsbek. Cuxhaven, Geesthacht, Großhansdorf und Schmalenbek werden preußisch. Das Gebiet Hamburgs verdoppelt sich fast von 41500 auf 74700 Hektar.
1937: Der Ratsweinkeller wird modernisiert: Deckenbemalungen werden übertüncht, Kapitelle von Säulen abgeschlagen und Lampen entfernt.
13. Februar 1939: Adolf Hitler kommt zum Stapellauf des Schlachtschiffes „Bismarck" nach Hamburg.
7. Mai 1939: Hamburg feiert den 750. Hafengeburtstag. 15 Bürgermeister befreundeter Hafenstädte tragen sich im Rathaus in das Goldene Buch ein.
1939: Nischen im Grundsteinkeller des Ratsweinkellers werden mit Motiven aus der Geschichte und Gegenwart Hamburgs ausgemalt. Allzu „zeitgemäße" Bilder werden 1945 wieder übermalt.
17. Mai 1939: Hamburg hat nach der Vereinigung mit Altona, Harburg und Wandsbek 1711877 Einwohner.
1. September 1939: Die Staatsbediensteten im Rathaus hören geschlossen mit den hinzugeladenen im Rathaus akkreditierten Journalisten die vom Rundfunk übertragene Rede Hitlers, in der dieser den Überfall auf Polen bekanntgibt.
25. Juli bis 3. August 1943: Operation „Gomorrha". Durch alliierte Luftangriffe wird Hamburg zerstört. Mehr als 40000 Menschen sterben. In der Nacht des ersten Angriffs brennt die Turmspitze des Rathauses aus.
18. Juni 1944: Große Teile der Innenstadt werden durch einen Bombenangriff zerstört.

Die Innenstadt 1945 nach den Bombenangriffen

18. August 1944: Der ehemalige Bürgerschafts- und Reichstagsabgeordnete Ernst Thälmann wird im KZ erschossen. 25 ehemalige Bürgerschaftsabgeordnete der KPD, der SPD und Liberale werden unter Hitler und Stalin ermordet.

1945 bis 1954

Die Kapitulation der Stadt

3. Mai 1945: Britische Truppen rücken kampflos in Hamburg ein. Kampfkommandant Alwin Wolz erwartet den britischen General Douglas Spurling vor dem Rathaus und übergibt ihm, gemeinsam mit Karl Kaufmann, im Bürgermeistersaal die Stadt.

5. Mai 1945: Karl Kaufmann wird von britischen Offizieren verhaftet.

11. Mai 1945: Der „Regierende" Bürgermeister Carl Vincent Krogmann wird von den Briten abgesetzt und mit fünf weiteren Senatoren im Rathaus verhaftet.

15. Mai 1945: Die Briten ernennen Rudolf Petersen, Enkel von Bürgermeister Carl Friedrich Petersen und Bruder des Bürgermeisters Carl Petersen, zum Hamburger Bürgermeister. Zweiter Bürgermeister wird der frühere Polizeiherr (bis 1933) Adolph Schönfelder (SPD).

Mai 1945: Bei einem Gespräch, zu dem die britische Besatzungsmacht Bürgermeister Petersen in den Kaisersaal geladen hatte, soll sich folgendes zugetragen haben: Die Offiziere saßen mitten im Raum an einem Tisch. Petersen sollte stehend vor ihnen Rapport erstatten. Er aber ging gelassen zur Wand des Saales, griff sich einen Stuhl und setzte sich zu den Befehlshabern.

6. Juni 1945: Bürgermeister Petersen erkennt Adolf Hitler und Hermann Göring die Ehrenbürgerwürde ab.

1945/46: Die Portraitreliefs bedeutender jüdischer Hamburger (Rießer, Mendelssohn Bartholdy, Heckscher, Wolffson, Hertz) in der Rathausdiele, die von den Nationalsozialisten abgeschlagen wurden, werden von Meisterschülern der Kunsthochschule wiederhergestellt.

27. Februar 1946: Die von der britischen Besatzungsmacht ernannte Bürgerschaft tritt zum erstenmal zusammen. Sie hat 81 Mitglieder aus politischen Parteien und gesellschaftlichen Gruppierungen.

8. März 1946: Die Bürgerschaft wählt unter Leitung des früheren Präsidenten Herbert Ruscheweyh (bis 1933) Adolph Schönfelder (SPD) zu ihrem Präsidenten.

15. Mai 1946: Die Besatzungsmacht billigt die von der ernannten Bürgerschaft beschlossene vorläufige Verfassung.

26. Juni 1946: Bürgermeister Rudolf Petersen und Bausenator Gerd Bucerius geben ihren Eintritt in die CDU bekannt.

13. Oktober 1946: Erste Bürgerschaftswahl nach dem Krieg. Die SPD gewinnt mit 43,1 Prozent der Stimmen 83 Mandate (von 110).

Durch das Mehrheitswahlrecht erhalten die CDU bei 26,7 Prozent der Stimmen 16 Sitze, die FDP bei 18,2 Prozent 7 Mandate und die KPD bei 10,4 Prozent 4 Abgeordnete. Wegen ihrer großen Mitgliederzahl muß die SPD-Fraktion im Kaisersaal unter den Büsten von Kaiser Wilhelm I., Bismarck und Moltke tagen – zum Mißbehagen einiger Abgeordneter. Adolph Schönfelder und Max Brauer versuchen, die Gemüter zu beruhigen. Brauer: „Wir sind keine Bilderstürmer. Wären sie noch lebendig, und ihr haltet gute Reden, dann wählen sie ja das nächste Mal vielleicht selbst SPD.“ Alles lacht, und die Büsten bleiben ungeschoren.

Hamburg im Wiederaufbau

22. November 1946: Nach Bildung eines Koalitionssenats aus SPD, FDP und KPD gibt Max Brauer (SPD) als Erster Bürgermeister seine Regierungserklärung vor der Bürgerschaft ab. Zweiter Bürgermeister wird Christian Koch (FDP).

19. März 1947: Die Bürgerschaft billigt die Verstaatlichung der Hamburger Hochbahn.

Winter 1947: Die Hamburger frieren und hungern. Mindestens 85 Menschen erfrieren.

19. Juni 1948: Der aus dem New Yorker Exil heimgekehrte Herbert Weichmann wird Präsident des Rechnungshofes.

21. Juli 1948: Die Bürgerschaft entzieht dem KPD-Gesundheitssenator Friedrich Dettmann das Vertrauen.

18. Mai 1949: Die Hamburger Bürgerschaft billigt mit 97 gegen 3 Stimmen der KPD das Grundgesetz der Bundesrepublik Deutschland, das die Unterschriften zweier Hamburger trägt, der beiden Vizepräsidenten des Parlamentarischen Rates, Adolph Schönfelder (SPD) und Hermann Schäfer (FDP).

16. Oktober 1949:

Bei der Wahl zur Hamburger Bürgerschaft erhält die SPD nach einem veränderten Mehrheitswahlrecht mit 42,8 Prozent der Stimmen 65 von 120 Mandaten, der Vaterstädtische Bund Hamburg (Bündnis von CDU und FDP) bei 34,5 Prozent 40 Abgeordnete, die Deutsche Partei (DP) mit 13,3 Prozent 10 Abgeordnete und die KPD bei 7,4 Prozent 5 Sitze. Die SPD stellt allein den Senat mit Max Brauer als Erstem Bürgermeister. Bis Ende 1950 bleibt Christian Koch (jetzt parteilos) Zweiter Bürgermeister. Nachfolger ist Paul Nevermann. Karl Schiller wird Wirtschaftssenator (bis 1953).

8. März 1950: Theodor Heuss macht seinen ersten Besuch als Bundespräsident im Hamburger Rathaus. Das traditionsreiche Hamburger Protokoll gefiel so gut, daß ein Begleiter ihm gesagt haben soll, so etwas müßte in Bonn auch gemacht werden. Heuss dazu: So etwas kann man nicht machen, das muß man haben.

14. März 1950: Der Senat beantragt bei der Bürgerschaft 160000 Mark, um die Spitze des Rathausturmes in einfacher Form wiederherzurichten. Die Bürgerschaft beschließt die Restaurierung des Turmhelms in der alten Form für 240 000 Mark.

5. April 1950: Senat und Bürgerschaft verleihen dem Präsidenten der Bürgerschaft Adolph Schönfelder an dessen 75. Geburtstag das Ehrenbürgerrecht.

Haile Selassie trägt sich in das Goldene Buch ein

13. September 1950: Eine Volkszählung ergibt für Hamburg 1 605 606 Einwohner.

10. Mai 1951: Studenten protestieren in der Bannmeile um das Rathaus gegen die Streichung verbilligter Hochbahntarife. Es gibt zahlreiche Verletzte unter den Demonstranten und den Polizisten.

6. Juni 1952: Die neue Verfassung der Freien und Hansestadt Hamburg wird verkündet. Sie tritt am 1. Juli 1952 in Kraft.

1. November 1953: Bei der Bürgerschaftswahl gewinnt der Hamburg-Block (CDU, FDP, DP, GB/BHE) mit 50 Prozent und erhält 62 von 120 Sitzen. Die SPD erhält 45,2 Prozent. Kurt Sieveking (CDU) wird Erster Bürgermeister, Edgar Engelhard (FDP) Zweiter Bürgermeister.

13. November 1954: Haile Selassie I., Kaiser von Äthiopien, kommt zum ersten großen Staatsbesuch nach dem Kriege nach Hamburg.

1955 bis 1964

23. und 24. Februar 1955: Der Schah des Iran, Mohammed Resa Pahlavi kommt mit Kaiserin Soraya zum Staatsbesuch in das Rathaus. Ausnahmsweise wird im Großen Festsaal sogar getanzt.

12. Januar 1956: 600 Jahre nach der ersten Erwähnung 1356 findet im Großen Festsaal die Matthiae-Mahlzeit des Senats wieder statt, die jährlich am Matthias-Tag begangen wurde, „sofern die Zeitläufte es erlaubten".

2. November 1956: Die Bürgerschaft beschließt die Einführung des reinen Verhältniswahlrechts.

2. April 1957: In Verfolgung der von Bürgermeister Kurt Sieveking und Hafensenator Ernst Plate entwickelten „Politik der Elbe" (Öffnung nach Osteuropa) nimmt der Senat die Einladung des Leningrader Stadtsowjets zu einem Besuch an. Das ist der Beginn der ersten Hamburger Städtepartnerschaft mit dem heutigen St. Petersburg.

10. November 1957: Die SPD gewinnt die Wahl zur Bürgerschaft mit 53,9 Prozent der Stimmen und hat zum ersten Mal seit 1919 wieder die absolute Mehrheit der Stimmen. Die CDU erreicht 32,2 Prozent, die FDP 8,6 Prozent. SPD und FDP bilden eine Koalitionsregierung. Max Brauer wird wieder Erster Bürgermeister. Edgar Engelhard bleibt Zweiter Bürgermeister.

7. Dezember 1957: Ein Brief von Bundespräsident Theodor Heuss an Bürgermeister Max Brauer wird bekannt, mit dem er den Standort des

Schiller-Denkmals auf dem Parkplatz („Schiller als Parkplatzwächter") vor der Kunsthalle als „unwürdig" kritisiert.

17. April 1958: Auf dem Rathausmarkt hält Bürgermeister Max Brauer eine Rede vor 100 000 Menschen, die gegen die Atombewaffnung der Bundeswehr demonstrieren.

6. Dezember 1959: Die Bürgerschaft feiert ihr 100jähriges Bestehen als Parlament.

18. Dezember 1959: Bürgermeister Max Brauer und Atomminister Siegfried Balke unterzeichnen im Rathaus den Staatsvertrag über die Errichtung des Deutschen Elektronen-Synchrotrons (DESY).

29. März 1960: Als Nachfolger von Adolph Schönfelder wird Herbert Dau (SPD) zum Bürgerschaftspräsidenten gewählt.

20. Dezember 1960: Max Brauer verabschiedet sich als Erster Bürgermeister im Rahmen einer Kundgebung vor dem Rathaus.

1. Januar 1961: Paul Nevermann (SPD) tritt sein Amt als Erster Bürgermeister an.

25. Oktober 1961: In einer Feierstunde im Plenarsaal verabschiedet die Bürgerschaft ihren ehemaligen Präsidenten Adolph Schönfelder (seit 1946).

12. November 1961: Bei der Wahl zur Hamburger Bürgerschaft erhält die SPD 57,4 Prozent der Stimmen, die CDU 29,1 und die FDP 9,6 Prozent. Die sozialliberale Koalition wird fortgesetzt. Helmut Schmidt (SPD) wird zunächst Polizeisenator und später Innensenator.

16. und 17. Februar 1962: Eine schwere Sturmflut fordert in Hamburg 317 Tote und macht etwa 20 000 Menschen obdachlos. Der Rathausmarkt ist überflutet, und Wasser ergießt sich in die Kellerräume des Rathauses, in denen unter anderem das Staatsarchiv untergebracht ist.

7. September 1962: Der französische Staatspräsident Charles de Gaulle besucht Hamburg und hält vom Rathausbalkon – neben dem Standbild Karls des Großen stehend – eine Rede.

6. Mai 1964: Hamburg feiert den 775. Hafengeburtstag. Zum Feuerwerk kommen 800 000 Zuschauer.

Anti-Atomdemonstration auf dem Rathausmarkt

Trauerfeier für die Opfer der Flutkatastrophe auf dem Rathausmarkt

Bürgermeister Nevermann begrüßt General de Gaulle

1965 bis 1974

14. Mai 1965: 20 Jahre nach Kriegsende empfangen bei einer Feierstunde im Rathaus 30 Hamburger stellvertretend für ihre Berufskollegen Auszeichnungen für hervorragende Leistungen beim Wiederaufbau der Stadt.

28. Mai 1965: Die britische Königin Elisabeth II. und ihr Mann Prinz Philip besuchen Hamburg. Entgegen einer alten Tradition empfängt der Bürgermeister die Königin vor dem Tor des Rathauses.

Königin Elisabeth trägt sich in das Goldene Buch ein

9. Juni 1965: Der Senat wählt den bisherigen Finanzsenator Herbert Weichmann (SPD) zum Nachfolger des am 1. Juni zurückgetretenen Paul Nevermann zum Ersten Bürgermeister.

27. März 1966: Bürgermeister Herbert Weichmann und die SPD erzielen bei der Bürgerschaftswahl mit 59 Prozent der Stimmen ein sensationell gutes Ergebnis – bei der niedrigsten bisher registrierten Wahlbeteiligung von 69,8 Prozent. Die CDU erhält 30 Prozent und die FDP 6,8 Prozent der Stimmen. Die FDP verläßt die Koalition mit der SPD. Zweiter Bürgermeister wird Wilhelm Drexelius (SPD).

3. Mai 1966: Der langjährige Bürgerschaftspräsident Adolph Schönfelder, geboren am 5. April 1875, stirbt.

Besuch vom Schah und Kaiserin Farah Diba

3. Juni 1967: Der Schah von Persien besucht mit Kaiserin Farah Diba Hamburg. Es kommt zu gewaltsamen Demonstrationen.

17. März 1969: Wer älter als 18 Jahre ist, kann jetzt die Bürgerschaft mitwählen. Bisher lag das Wahlalter bei 21 Jahren.

2. Juli 1969: Die Bürgerschaft debattiert den von Bürgermeister Weichmann vorgelegten Entwicklungsplan für Hamburg und das Umland. Die Schwerpunkte der Entwicklung sollen Richtung Osten und südlich der Elbe liegen. Hamburg soll in 30 Jahren um 300000 Einwohner auf 2,1 Millionen wachsen.

22. März 1970: Bei der Bürgerschaftswahl verteidigt die SPD mit 55,3 Prozent ihre absolute Mehrheit. Die CDU erhält 32,8 Prozent und die FDP 7,1 Prozent der Stimmen. Die FDP tritt wieder in den Senat ein. Zweiter Bürgermeister wird Peter Schulz (SPD). Oppositionsführer in der Bürgerschaft wird Jürgen Echternach (CDU).

22. September 1970: Nach seinem Ausscheiden aus der Nationalmannschaft wird Uwe Seeler mit einem Senatsfrühstück geehrt.

18. Februar 1971: Eine grundlegende Änderung der Hamburgischen Verfassung tritt in Kraft. Danach ist die Opposition die „politische Alternative zur Regierungsmehrheit". Das Bürgerschaftsmandat von Senatoren ruht während deren Regierungstätigkeit.

Königin Juliane und Bürgermeister Schulz

9. Juni 1971: Peter Schulz wird vom Senat zum Ersten Bürgermeister gewählt, nachdem Herbert Weichmann zurückgetreten ist. Zweiter Bürgermeister wird Wirtschaftssenator Helmuth Kern (SPD), am 3.Oktober 1972 löst ihn Finanzsenator Hans Rau (FDP) ab.

29. Oktober 1971: Königin Juliana der Niederlande und Prinz Bernhard besuchen Hamburg. Die Königin verliert im Rathauseingang eine wertvolle Brillantbrosche, die aber von einem Polizisten gefunden wird.

2. Februar 1973: Der frühere Erste Bürgermeister Max Brauer, geboren am 3. September 1887, stirbt.

3. März 1974: Bei der Bürgerschaftswahl verliert die SPD mit 44,9 Prozent der Stimmen die absolute Mehrheit. Die CDU erhält 40,6, die FDP 10,9 Prozent der Stimmen.

30. April 1974: SPD und FDP bilden erneut eine Koalitionsregierung. Peter Schulz bleibt Erster Bürgermeister. Zweiter Bürgermeister wird Dieter Biallas (FDP).

19. September 1974: Walter Scheel macht seinen ersten Besuch als Bundespräsident in Hamburg. Als der Freidemokrat im Rathaus eintrifft, sagt er: „Ich beglückwünsche Sie, daß Sie dieses Rathaus Ihr eigen nennen. Vielleicht empfindet es nicht jedermann als schön. Entscheidend ist, daß das Haus so überzeugend Hamburg repräsentiert."

31. Oktober 1974: Peter Schulz tritt als Erster Bürgermeister zurück. Zum Nachfolger wird der bisherige Innensenator Hans-Ulrich Klose gewählt.

1975 bis 1984

29. Januar 1975: Bürgermeister Klose begründet vor der Bürgerschaft ein einschneidendes Sparprogramm.

27. Februar 1976: Helmut Schmidt ist als Bundeskanzler erstmalig deutscher Ehrengast der Matthiae-Mahlzeit.

4. März 1977: Kultursenator Dieter Biallas überreicht Joseph Beuys den Lichtwarkpreis 1976.

16. Mai 1977: Der HSV wird im Rathaus empfangen zur Feier des Gewinns des Europapokals der Pokalsieger.

25. April 1978: Die Bürgerschaft errichtet durch Gesetz die Technische Universität Harburg.

6. Mai 1978: Leonid I. Breschnew, Partei- und Staatschef der Sowjetunion, ist zu Gast im Hamburger Rathaus.

4. Juni 1978: Bei der Bürgerschaftswahl erzielt die SPD mit 51,5 Prozent der Stimmen wieder die absolute Mehrheit. Die CDU erhält 37,6 Prozent; die FDP bleibt mit 4,8 Prozent unter der 5 Prozent-Hürde. Zum erstenmal seit ihrem Bestehen ist die Bürgerschaft ein Parlament mit nur zwei Parteien. Mit Helga Elstner wird zum erstenmal eine Frau Zweite Bürgermeisterin.

20. Juni 1978: Die Bürgerschaft wählt Peter Schulz zu ihrem Präsidenten. Der frühere Bürgerschaftspräsident Herbert Dau wird Ehrenbürger Hamburgs.

4. Juli 1978: Der Hamburger Senat beschließt die Gründung einer Umweltbehörde.

22. März 1979: Der frühere Bürgermeister Paul Nevermann stirbt (geb. 5. Februar 1902).

22. November 1979: Der „gewichtige" König von Tonga besucht Hamburg. Für seinen Aufenthalt im Rathaus wird ein besonders stabiler Sessel getischlert.

Der König von Tonga und Bürgermeister Klose

Umbau und Einweihung des Rathausmarktes

5. Februar 1981: Jürgen Echternach scheidet aus der Bürgerschaft aus. Nachfolger als Oppositionsführer wird Hartmut Perschau (CDU).
11. Mai 1981: Bürgerschaftspräsident Schulz enthüllt im Treppenhaus der Bürgerschaft eine Gedenktafel „zum ehrenden Andenken an die Abgeordneten der Hamburger Bürgerschaft, die nach 1933 Opfer totalitärer Verfolgung wurden".
25. Mai 1981: Bürgermeister Hans-Ulrich Klose tritt nach Kontroversen um die weitere Nutzung der Atomenergie zurück.
24. Juni 1981: Klaus von Dohnanyi wird von der Bürgerschaft in den Senat und von diesem zum Ersten Bürgermeister gewählt.
20. Januar 1982: Die Bürgerschaft beschließt ein Hafenentwicklungsgesetz, das Altenwerder für die geplante Hafenerweiterung vorsieht.
11. Mai 1982: Der Rathausmarkt, dessen umstrittener Umbau rund 38 Millionen Mark gekostet hat, wird eingeweiht.
29. Mai 1982: Bürgermeister von Dohnanyi empfängt den HSV, der erneut die deutsche Fußballmeisterschaft gewonnen hat, im Rathaus.
6. Juni 1982: Zum erstenmal wird die CDU mit 43,2 Prozent der Stimmen stärkste Partei in der Bürgerschaft. Die SPD erhält 42,7 Prozent der Stimmen. Die FDP verpaßt mit 4,9 Prozent der Stimmen erneut den Einzug in das Parlament. Zum erstenmal kommt die Grün-Alternative Liste (GAL) mit 7,7 Prozent der Stimmen in die Bürgerschaft. Martin Willich (CDU) wird Bürgerschaftspräsident. Die SPD regiert mit einem Minderheitssenat.
19. Dezember 1982: Bei der Bürgerschaftswahl erzielt die SPD mit 51,3 Prozent der Stimmen erneut die absolute Mehrheit. Die CDU erhält 38,6 Prozent; die GAL 6,8 Prozent. Peter Schulz wird wieder Präsident der Bürgerschaft.
7. Mai 1983: Aus Anlaß des 150. Geburtstages des geborenen Hamburgers und Ehrenbürgers Johannes Brahms findet im Großen Festsaal ein Festakt statt.
9. Oktober 1983: Ex-Bürgermeister Herbert Weichmann stirbt (geb. 23. Februar 1896).
22. Oktober 1983: Hunderttausende Menschen demonstrieren gegen die Raketen-Nachrüstung auf dem Rathausmarkt.
1983: Im Rathaus gab es etwa 300 Veranstaltungen mit 40 000 Gästen.
13. Juni 1984: Alfons Pawelczyk (SPD) wird anstelle von Helga Elstner Zweiter Bürgermeister.

Friedensdemonstration auf dem Rathausmarkt

1985 bis 1995

30. Juni 1985: Die parlamentarische Versammlung des Europarats tagt im Rathaus mit 170 Politikern aus 21 Ländern.

16. März 1986: Bürgermeister a.D. Kurt Sieveking stirbt (geb. 21. 2. 1897).

15. Mai 1986: Herbert Wehner, Fraktionsvorsitzender der SPD im Bundestag, und der Verleger Gerd Bucerius erhalten die Ehrenbürgerwürde Hamburgs.

9. November 1986: Bei der Bürgerschaftswahl verliert die SPD mit 41,7 Prozent der Stimmen erneut die absolute Mehrheit. Die CDU wird mit 41,9 Prozent stärkste Fraktion. Die GAL erhält 10,4 Prozent der Stimmen mit einer nur aus Frauen bestehenden Liste. Martin Willich wird erneut Bürgerschaftspräsident.

17. Mai 1987: Bürgerschaftswahl: Die SPD erhält 45 Prozent der Stimmen, die CDU 40,5 Prozent, die GAL 7 Prozent der Stimmen. Die FDP zieht mit 6,5 Prozent der Stimmen wieder in die Bürgerschaft ein.

3. Juni 1987: Elisabeth Kiausch (SPD) wird zur ersten Präsidentin der Bürgerschaft gewählt.

6. September 1987: Nach langwierigen Koalitionsverhandlungen wählt die Bürgerschaft einen Senat von SPD und FDP. Klaus von Dohnanyi bleibt Erster Bürgermeister. Ingo von Münch (FDP) wird Zweiter Bürgermeister.

16. September 1987: Helga Elstner wird Bürgerschaftspräsidentin.

6. November 1987: Prinz Charles, britischer Thronfolger, und Prinzessin Diana besuchen Hamburg.

Prinzessin Diana trägt sich in das Goldene Buch ein

16. Dezember 1987: Dresden und Hamburg schließen im Rathaus eine Städtepartnerschaft.

10. Mai 1988: Bürgermeister Klaus von Dohnanyi kündigt seinen Rücktritt an.

8. Juni 1988: Henning Voscherau (SPD) wird von der Bürgerschaft in den Senat und von diesem zum Ersten Bürgermeister gewählt.

3. Juli 1989: Hartmut Perschau scheidet aus der Bürgerschaft aus. Neuer Oppositionsführer wird Rolf Kruse (CDU).

18. November 1989: Nach Öffnung der Grenze besuchen Tausende Bürger der DDR Hamburg und das Rathaus. Bürgermeister Voscherau führt persönlich durch das Rathaus.

31. Dezember 1989: Ein Teil der Alsterarkaden wird durch einen Brand zerstört.

3. Oktober 1990: Auf dem Rathausmarkt wird mit einem Volksfest die Vereinigung Deutschlands gefeiert.

2. Juni 1991: Bei der Bürgerschaftswahl gewinnt die SPD mit 48 Prozent der Stimmen die Mehrheit der Mandate. Die CDU erhält 35,1 Prozent, die GAL 7,2 Prozent, die FDP 5,4 Prozent der Stimmen. Die SPD bildet allein die Regierung.

19. Juni 1991: Elisabeth Kiausch wird erneut zur Bürgerschaftspräsidentin gewählt.

Bundespräsident Richard von Weizsäcker und Frau Marianne bei der Einheitsfeier

3. Oktober 1991: Bundesratspräsident Bürgermeister Henning Voscherau richtet in Hamburg im und um das Rathaus die Feier zum 1. Jahrestag der deutschen Wiedervereinigung aus.

Sommer und Herbst 1992: Die Restaurierung der Festräume des Rathauses beginnt mit dem Bürgersaal und dem Saal der Republiken (Turmsaal).

26. Oktober 1992: Die Enquete-Kommission „Parlamentsreform" legt ihren Bericht mit 100 Empfehlungen vor.

4. Mai 1993: Das Hamburgische Verfassungsgericht erklärt die Bürgerschaftswahl vom 2. Juni 1991 für ungültig.

19. September 1993: Bei der Bürgerschaftswahl erhalten die SPD 40,4 Prozent der Stimmen, die CDU 25,1 Prozent, die GAL 13,5 Prozent und die STATT-Partei 5,6 Prozent. Oppositionsführer wird Ole von Beust (CDU.)

6. Oktober 1993: Ute Pape (SPD) wird zur Präsidentin der Bürgerschaft gewählt.

15. Dezember 1993: Aufgrund einer Kooperationsvereinbarung zwischen SPD und STATT-Partei wählt die Bürgerschaft mit Erhard Rittershaus und Klaus Hardraht zwei von der STATT-Partei vorgeschlagene parteilose Senatoren. Rittershaus wird Zweiter Bürgermeister.

7. Juni 1994: Der Senat legt der Bürgerschaft ein Gesamtkonzept zur Renovierung und Restaurierung des Rathauses bis zum Jahr 2001 vor.

21. bis 26. Juli 1994: Die bronzenen Kaiserstatuen von der Rathausfassade werden abgebaut, um im Rahmen einer Patenschaftsaktion restauriert zu werden.

3. Mai 1995: Mit einer Kundgebung auf dem Rathausmarkt wird des Kriegsendes vor 50 Jahren in Hamburg gedacht. Redner ist unter anderen der britische Thronfolger Prinz Charles.

19. Juni 1995: Bürgermeister Voscherau empfängt im Rathaus den FC St. Pauli, der erneut den Aufstieg in die Bundesliga geschafft hat. Am selben Tag beginnt die Einrüstung des Rathausturmes für seine Instandsetzung.

5. Oktober 1995: Aus Anlaß seines 90. Geburtstages (28. September) wird der frühere Box-Weltmeister Max Schmeling mit einem Senatsfrühstück im Turmsaal geehrt.

Die Bronzestatue von Maximilian II. wird vom Rathaus abgeseilt.

6. Oktober 1995: Bundeskanzler Helmut Kohl kommt zu einem Festakt im Großen Festsaal zur Feier des 50jährigen Bestehens der Hamburger CDU.

100 Jahre Hamburger Rathaus und seine Ersten Bürgermeister

Johannes Lehmann
1895,1898, 1900

Johann Georg Mönckeberg
1896, 1899, 1902, Juli 1904 bis Ende 1905, 1908 (bis März)

Johannes Versmann
1897

Gerhard Hachmann
1901, 1904 (bis Juli)

Johann Heinrich Burchard
1903, 1906, April 1908 bis Ende 1909, 1912 (bis September)

Johann Otto Stammann
1907

Max Predöhl
1910, 1911, 1914, 1917

Carl August Schröder
September 1912 bis Ende 1913, 1916

Werner von Melle
1915, 1918, 1919

Gustav Friedrich Sthamer
1920 (bis Februar)

Arnold F. G. Diestel
Februar 1920 bis Januar 1924

Carl Petersen
Januar 1924 bis 1929, 1932, bis März 1933

Rudolf Roß
1930, 1931

Carl Vincent Krogmann
März 1933 bis Mai 1945

Rudolf Petersen
Mai 1945 bis November 1946

Max Brauer
Nov. 1946 bis Dez. 1953 und Dez. 1957 bis Dez. 1960

Kurt Sieveking
Dezember 1953 bis Dezember 1957

Paul Nevermann
Januar 1961 bis Juni 1965

Herbert Weichmann
Juni 1965 bis Juni 1971

Peter Schulz
Juni 1971 bis November 1974

Hans-Ulrich Klose
November 1974 bis Mai 1981

Klaus von Dohnanyi
Juni 1981 bis Juni 1988

Henning Voscherau
ab Juni 1988

Die Bürgerschaftspräsidenten

Siegmund Hinrichsen
Dezember 1892 bis Oktober 1902

Julius Engel
November 1902 bis Februar 1913

Alexander Schön
März 1913 bis März 1919

Berthold Grosse
März 1919 bis März 1920

Rudolf Roß
März 1920 bis März 1928

Max Leuteritz
März 1928 bis Oktober 1931

Herbert Ruscheweyh
November 1931 bis März 1933

Adolph Schönfelder
März 1946 bis März 1960

Herbert Dau
März 1960 bis Juni 1978

Peter Schulz
Juni 1978 bis Juni 1982, Januar 1983 bis November 1986

Martin Willich
Juni 1982 bis Januar 1983, November 1986 bis Juni 1987

Elisabeth Kiausch
Juni bis September 1987, Juni 1991 bis Oktober 1993

Helga Elstner
September 1987 bis Juni 1991

Ute Pape
ab Oktober 1993

RATHAUSSTRASSE

Das Hamburger Rathaus, wie eine Puppenstube aufgeklappt. Der Berliner Zeichner und Grafiker Robinson hat die Fassade „abgebaut" und die dahinter liegenden Räume freigelegt. Durch die besondere Technik ergeben sich zwar leichte Verschiebungen zwischen den Etagen, aber dennoch: Vom Plenarsaal links außen bis zur Ratsstube rechts außen präsentieren sich an der Vorderfront entlang die Festsäle. Sie beginnen links mit dem Bürgersaal und dem Kaisersaal, beide noch auf der Seite der Bürgerschaft. In der Mitte, an der Schnittstelle zum Senat, der Turmsaal, der nach seiner Wandbemalung mit Bildern der vier historischen Städte Athen, Rom, Venedig und Amsterdam auch „Saal der Republiken" heißt. An den Turmsaal schließt sich nach rechts der Bürgermeistersaal an, dann das Waisenzimmer und der Phönixsaal. Ihm folgt das sogenannte „Kleine Zimmer", ein Vorraum zum Bürgermeisteramtszimmer und dann das Bürgermeisteramtszimmer selbst. Unter den Festsälen ist die Diele zu erkennen, daneben verschiedene Büros, deren Einrichtung der Künstler allerdings frei erfunden hat. Im Turm hat Robinson den Uhrenboden freigelegt, mußte aus Platzgründen auf die Darstellung der Senatsbibliothek aber verzichten. Die riesigen Dachflächen schließlich mit ihren vielen kleinen Gauben lassen nur ahnen, wieviel Platz sich darunter verbirgt.

Susanne von Bargen, Jahrgang 1950, hat schon als Volontärin vor 20 Jahren ihr Interesse am Rathaus entdeckt. Seitdem berichtet sie über politische Vorgänge aus der Regierungszentrale, zunächst für die Tageszeitung „DIE WELT“, dann für die BILD-Zeitung. Seit 1979 ist sie Redakteurin beim Hamburger Abendblatt und widmet sich neben der Landespolitik auch der Architektur und dem Denkmalschutz.
Hinnerk Fock (links), Jahrgang 1943, arbeitet seit acht Jahren im Rathaus. Zunächst war er vier Jahre stellvertretender Leiter der Staatlichen Pressestelle, dann drei Jahre Pressesprecher und Protokollchef der Bürgerschaft. Inzwischen ist er als Chef vom Dienst in die Staatliche Pressestelle zurückgekehrt.
Michael Zapf (rechts), Jahrgang 1965, arbeitet seit 1983 als selbständiger Fotoreporter. Seitdem hält er unter anderem die Geschehnisse im Rathaus mit der Kamera fest. Dabei interessieren ihn neben den großen politischen Ereignissen besonders die ungewöhnlichen Blicke hinter die Kulisse.

Bildnachweis:
Ahlers, Claus: S. 127 o. – Archiv für Kunst und Geschichte, Berlin: S. 119 u. – Bernhard, W.: S. 118 u. – Bild-Zeitung/Beutner: Seite 120 u.; 129 – Bild-Zeitung/Gebhardt: S. 134 o.M. – Bild-Zeitung/Mehrens: S. 130 M. – Bild-Zeitung/Timm: S. 128 o. – Blume, Jochen: S. 125 – Bürgerschaftskanzlei/Repro: Zapf: S. 136 o.l., o.M., o.r.; 136 u.l., u.M. – Deutsche Presse Agentur: S. 127 M.o., M.u. – Hamann, Heinrich: S. 117 – Hamburger Abendblatt/Bodig: S. 140 – Hamburger Abendblatt/Brumshagen: S. 128 u.; 133 – Hamburger Abendblatt/Krüger: S. 126; 135 2. Reihe l.; 137 o.M. – Hamburger Abendblatt/Körner: S. 135 u.l. – Hamburger Abendblatt/Schütze: Seite 134 o.l., 2. Reihe l., u.M.; 135 o.M. – Hamburger Abendblatt: S. 127 u.; 134 o.r., 2. Reihe M., 3. Reihe l.; 135 o.r., 3. Reihe M. – Hytrek, Thomas: S. 130 o. – Jüschke, Matthias: S. 134 3. Reihe r. – Kaminski, Helmut: S. 127 M. – Kujath, Christa: S. 131; 135 3. Reihe l., u.r.; 137 M.l., u.r. – Laible, Andreas: S. 130 u. – Robinson: S. 138 – Schulmuseum/Repro: Zapf: S. 135 o.l. – Staatsarchiv Hamburg/Repro: Röhrbein: S. 120 o. – Staatsarchiv Hamburg/Repro: Zapf: S. 119 o.; 136 u.r.; 137 o.l. – Staatsarchiv: S. 134 2. Reihe r. – Staatliche Landesbildstelle Hamburg/Kempe: S. 135 2. Reihe M.; 137 o.r. – Staatliche Landesbildstelle Hamburg: S. 119 M. – Verg, Erik: S. 116 o. – Wallocha, Stephan: S. 132; 137 u.l. – Zapf, Michael: S. 137 M.r. – Zentrales Fotoarchiv Axel Springer Verlag: S. 114; 115; 116 u.; 118 o., M.; 122; 123; 124; 134 3. Reihe M., u.l., u.r.; 135 2. Reihe r., 3. Reihe r.; 137 M.M.

Redaktion: Berndt Röttger
Gestaltung und Herstellung:
Peter Albers
Satz und Lithographie:
Albert Bauer KG, Hamburg
Druck und Bindearbeiten:
Paderborner Druck Centrum
Printed in Germany

ISBN 3-921305-24-1